人を生かす 稲盛和夫の経営塾

稲盛和夫

nbb
日経ビジネス人文庫

まえがき

日本経済は戦後奇跡的ともいえる復活を遂げ、現在は世界第二位の経済大国となっていますが、私はそれを支えているのは、各地で活躍している数多くの中堅・中小企業であると思っています。ところが、そのような企業の経営者の多くは、「当社には優れた人材がいない。だからなかなか発展できないのだ」と嘆かれているのではないでしょうか。

しかし、たとえ中堅・中小零細企業であっても、人材が皆無ということはありません。限られた人材でも、そのメンバーの力をフルに生かし、結集することによって、いくらでも発展することができます。実際に、本田技研やソニーなど現在の多くの大企業も、あまり人材にも恵まれていない中小企業の時代から、今日まで発展してきています。その意味では、社員の心をつかみ、組織を活性化させていくことができるかどうかで、リーダーの真価も、また企業の発展も決まるのです。

そのような考えを持っていた私は、一九八三年、「経営者としての考え方を学びたい」という若手経営者たちの強い要望を受け、「盛和塾」という経営塾をボランティアで始めました。一人で生きていくのも厳しい世の中で、従業員とその家族の生活を必死で守ろうとする経営者というものは立派であり、私はそのような経営者の育成に少しでも役立ちたいと考えたからです。

以来二五年間、地道な活動を続けてきた結果、現在では塾生*の数が四五〇〇名を超え、日本に五二塾、海外でも、アメリカ、中国、ブラジルに六塾ができるまでに拡大しました。

盛和塾で、私は経営のベースとなる経営哲学について話をする一方、塾生が直面する経営上の問題についてアドバイスする「経営問答」を行っています。経営問答では、経営トップとして切実な問題を抱える塾生の具体的な質問に対し、私が自らの経営哲学と経験をもとに全身全霊を傾けて答えています。

この問答は、塾生だけでなく、経営に悩んでいる一般の経営者の方々の参考にもなるので出版したらどうか、との勧めがあり、二〇〇五年三月に『実学・経営問答——高収益企業のつくり方』と題し、日本経済新聞社より出版させていただきました（この本は〇七年一一月に日経ビジネス人文庫から『稲盛和夫の経営塾――Q&A高収益企業のつくり方』と改題して刊行されました)。

本書は、その二作目として「人を生かす」をテーマに、盛和塾での多数の問答の中から、集団のリーダーであれば、誰もが直面する人材の育成、組織の活性化に関する問答を取り上げました。

その答えには、京セラ、KDDIを創業し、経営する中で私自身が悩み抜いた末にたどりついた人や組織を生かすための私なりの回答や考え方が示されています。これらの問答を読み、有能な人材がいないと悩んだり、組織を活性化できないと困っておられる経営者やリーダーの方々が、何かしらの解決のヒントを得られれば幸いです。

今回の出版に際し、本書の編集にご協力いただいた日本経済新聞出版社シニアエディターの西林啓二氏に心より感謝します。また、盛和塾で問答に参加してくれた塾生の方々、長年、盛和塾活動を支えている盛和塾事務局・福井誠顧問、諸橋賢二事務局長、および京セラ株式会社執行役員上席秘書室長大田嘉仁、同経営研究部木谷重幸、橋浦佳代に謝意を表します。

混迷を深める時代に、企業のみならず、さまざまな組織にエネルギーを吹き込み、活性化できるようなリーダーが輩出してほしい。そのような願いから、本書を上梓いたしました。本書がよりよいリーダーを目指される方々のお役に立てることを心より期待しています。

二〇〇八年六月

稲盛　和夫

*盛和塾の二〇一一年一一月末現在の塾生数は七三二三名、塾数は六三塾（国内五四塾、海外九塾――ブラジル、アメリカ、中国）となっています。

盛和塾世界大会で講演する著者

世界大会には約 3,400 名の塾生が集う

文庫版の発刊にあたって

本書は二〇〇八年七月に上梓した『実学・経営問答　人を生かす』を気軽に携帯して読めるように『人を生かす　稲盛和夫の経営塾』と改題して文庫版として発刊するものです。

企業経営の成否は、社員のやる気にかかっています。社員の意識が変われば、会社は変わるものです。私は現在、日本航空会長としてその再建の任に当たっていますが、そのことをまさに実感しております。

本書は、リーダーなら誰もが直面する人材育成、組織の活性化等に関する質問に対して、私が盛和塾の経営問答の中で心血を注いで回答したものです。この文庫版が人材の活用法について学ぼうとする多くの読者の一助となることを心より祈念しています。

二〇一二年一月

稲盛　和夫

人を生かす　稲盛和夫の経営塾

目次

第三章 幹部を育てる

第四章　自らを高める

終章　リーダーの役割一〇カ条

装幀　菊地信義

第一章

活力ある社風をつくる

見えざる部分が競争力に差をつける

企業発展の要素

経営者は、よりよい商品やサービスを社会に供給し続けるために、また従業員が安心して、いきいきと働けるように、企業の成長発展を念じ、事業を展開しています。しかしその中で、すばらしい発展を続ける企業もあれば、衰退し、やがて姿を消していく企業もあります。その違いはどこにあるのでしょうか。

一般に、ヒト・モノ・カネといわれるように、企業発展の重要な要素は、人材や商品、設備、資金といった目に見える資源であると考えられています。しかし私は、企業経営の目的をあらわす経営理念や、その企業が持つ経営哲学といった見えないものも、見える資源と同等に、企業が繁栄し、存続していくうえで、欠かせない重要なものであると考えています。

資金力があり、いくら優秀な人材を集めたとしても、その企業の理念や哲学が明確でなく、従業員のベクトルがそろっていなければ、組織としての力は発揮することができないのです。

企業文化の重要性

会社経営において、トップはまず、何のために会社があるのか、またそのためにはどういう考え方が必要かを明確にし、従業員に示し、共有していかなければなりません。共有できるかどうかは、それらの経営理念や経営哲学に、従業員が心から共鳴できるかどうかが鍵となります。経営理念や経営哲学が大義名分にもとづいたものであると同時に、従業員の幸福を追求する、社会の発展に貢献するといった目的を示せば、従業員は心から仕事に打ち込んでくれるようになるはずです。

また、経営理念や経営哲学を従業員と共有するためには、トップの言動、行動が、理念と矛盾しないことが何よりも大事です。立派な理念がありながら、利益至上主義に陥り、不祥事を起こす企業が後を絶たないのは、トップが矛盾した言動、行動をとっているからにほかなりません。

経営理念や経営哲学は、その企業の風土や文化をつくり出します。その理念にもとづいて働くことが、会社にとっても、従業員の人生にとってもすばらしいことだという、そのような企業文化をつくることができれば、会社は飛躍的に伸びていくことができるのです。

自発的エネルギーこそ企業発展の原動力

経営者がともに学ぶ場である盛和塾において私が主に話すことは、経営者の心のあり方や経営哲学の重要性です。

塾生の方は、私の経営哲学を真摯に学び、自らの哲学をつくり上げ、自分自身を律すると同時に、その哲学を従業員と共有することに努めておられます。それを実践することで、それまで数%の利益しか出せなかった塾生企業が、十数%の利益を生み出すようになった例も数多くあります。

立派な企業文化は、中小企業が伸びていこうとする場合の根幹になります。資金、設備、人材などの見える部分は、どの要素を比べても、大企業に比べれば、中小企業は見劣りします。それをないものねだりしたところで意味がありません。大企業があまり関心を払わない見えない部分、すなわち企業文化をすばらしいものにつくり上げることで、企業としての競争力をつけていくのです。ですから、トップは企業の使命と目的を明確にして、しっかりした企業文化を育て上げ、従業員と考え方を合わせていくことに最大の経営努力を注いでいくべきだと、私は考えています。

すばらしい経営理念にもとづいた企業文化があれば、従業員は心から賛同し、会社発展のために自発的に行動するようになります。こういった自発的エネルギーこそ、企業の財産であり、発展の源です。それを維持し続ける企業だけが、時代を超えて、隆々と栄えていくのです。

【経営問答1】

硬直化した組織を立て直すには

◉質問

私どもの会社は地元資本の自動車販売会社です。大手自動車メーカー系列であり、新車の販売を中心に、中古車、自動車用品の販売と修理業務を行っています。社員数はパートを含めて約二八〇名です。

四〇年ほど前に父が創業した会社で、父が社長、私は二代目で、現在は専務です。関連会社にはレンタリース会社と書店もあるため、社長である父が社内にいる機会は少なく、実質的には私が中心となって経営しています。

当社の業績は、昨年三月期決算の売上高が約八五億円です。三年前の実績と比較すると、売上がマイナス一八%となっており、経常利益も大きく落ち込み、赤字となっています。

業績悪化の最大要因は新車販売台数の大幅な減少で、三年前に比べ二二%減少しています。その大きな理由は、売れ筋車種、いわゆるヒット車に恵まれなかったことです。このように、ヒット車に恵まれている年度と、恵まれない年度で収益が大きく左右されてしまう状況は、メーカー頼みの経営といわざるを得ず、将来的に不安があります。

当社の売上における新車販売のウエイトは約七割と高く、新車販売台数の増減が、そのまま会社収益に直結するような経営体質となっています。そこで新車販売至上主義からの脱却を近年の経営テーマに掲げました。具体的には中古車販売、サービス売上の増収を一人当たり生産性の向上と位置づけ、それを新しい会社方針として打ち出しています。

実質、私が中心となって経営するようになった二年前から、新方針に沿って次々と改善に向けた施策を打ち出しました。しかし、私がいろいろと知恵を絞り、施策を考え、社内への徹底を図ってもなかなか成果が上がりません。焦りを覚えた私がつい社員に厳しい口調で接したことや、赤字が二期連続となったことが重なり、社内のムードはいっそう悪くなりました。社内が一丸となって会社の危機を乗り切ろうという雰囲気にはほど遠い状況です。

このような状況に陥った理由が大きく二つあることに、私は気づきました。一つ目は、私が打ち出した新方針のコンセプトが、社員の隅々まで伝わっていないこと。二つ目は、長い間に根付いてしまった会社風土の問題です。

一つ目の問題では、私の方針が社員に伝わっていないどころか、誤解されている感があります。たとえば、当社では従来、お客様には営業とサービスの担当者が一名ずつ付いていました。しかし、連携がスムーズにいかず、アフターサービスに漏れが生じることで、点検の入庫率が低くなっていました。そこで、お客様との窓口を営業の担当者に一本化し、アフターサービスから点検誘致に至るまでを担当させました。お客様との絆を深め、サービス入庫台数の増加をねらったのです。

ところが、これがサービス担当者の職務の減少につながったため、「サービススタッフのリストラがねらいではないか」と誤解されたのです。一方、営業担当者も「われわれは車さえ売っていればよかったのに、余分な仕事が増えた」と、やらされ感があるようです。

なぜそのようになってしまったのか。それは役員、部長たちの会社方針実現に向けてのベクトルがバラバラで、彼らが率先して新しい会社方針のコンセプトを、現場社員に浸透させる動きをしていないからだと思い至りました。彼らの中には、私の方針に共感せず、いまだに新車販売中心の考え方を固持する者や、トップダウンで仕事をやらせる者がおり、そうした幹部社員が依然として社内に大きな影響力を持っています。

私は、共感し合える幹部社員とともに、一枚岩の経営陣となる必要性を痛感しました。近日中に幹部社員を配置転換し、私と共感し合える経営陣に、改めて会社方針のコンセプトの浸透を図るとともに、現場との双方向のコミュニケーションを高め、ベクトルの一本化を図りたいと考えています。

二つ目の会社風土の問題は、「販売や売上のノルマを設定し、やらせる」というやり方が根付いていて、命令や指示されたことを無難にこなしさえすればよいという受け身の社員が多い――いい換えれば、自主的に行動する、仕事に意欲を持つ社員が少ないことです。

これまで人材育成に対する取り組みが不十分で、社員の長所を伸ばし、積極性を引き出すような教育をしてこなかったうえ、人事制度が透明で明快なものではありませんでした。そのため、働きがいを感じにくく、自主性に欠ける社員が多くなったと反省しています。

また、当社は全国の販売店平均と比較して、正社員、中でも営業スタッフの平均年齢がたいへん高くなっています。当社の正社員の年齢は、全国平均に比べ三・八歳、営業担当者の場合は、全国平均より五・二歳高くなっています。これには、先ほど述べたノルマ偏重の会社風土のため、若手社員が定着しづらかったことも影響していま す。年齢の高い社員が多くなるに伴って、組織の活力は全体的に低下しつつあり、改革や自立よりも現状維持を望む保守的な社員が増えてきました。

このように会社風土が、社員のやる気の低下につながり、実績の上がらない要因になっていると考えています。

そこで私は、次のような会社の姿を目指しています。

① 明るく、仕事に意欲的で、向上心とバランス感覚のある優秀な社員の多い会社。

②　社員を大事に育てる会社。ノルマ偏重ではなく、社員一人ひとりが自立的に考え、行動するような会社風土づくり。社員が仕事を通じて自己実現に邁進できる会社。

そのために、二つの方策を考えています。

①「ノルマに対してやらせる」といったやり方を排除する。各部門、職種ごとに分科会、ミーティングなどを開催し、会社方針の達成と、それに対する自分自身のあるべき姿に向けて、一人ひとりが自ら考える場所を設定し、自主性のある人材を育成する。

②　社内教育体制の充実により、社員の業務遂行能力の底上げを強力に推進しながら、一方で積極的な採用活動を行い、優秀な若い社員の比率を高める。平均年齢の引き下げにより、組織を活性化させる。

私の方向性についてのアドバイスと、私が目指す会社風土を根付かせるためには、トップとして、どのように対処すべきかについて、教えていただきたいと思います。

◉回答

「ともに命をかけて再建を」という同志をつくれ

組織の硬直化を招いたもの

お父さんが設立された自動車販売会社は、自動車メーカーの発展に伴って、収益も上げ、安定した経営をしてこられました。

しかし、創業から四〇年も経つと、会社の組織は硬直化してくる。お父さんが創業者として会社をひっぱっておられたときには活力があったかもしれませんが、社員が二八〇名にもなり、お父さんが会社にほとんど顔を出さなくなると、「組織の硬直化・官僚化」を呈するようになった。これが問題の一つです。

もう一つの問題は、お父さんの後を継ぎ、若いあなたが社長としての仕事をやらなければならないが、会社にはお父さんの時代からの、あなたより年上の幹部がたくさんおられるということです。これは二代目の人たちがみな遭遇する問題です。

つまり、硬直化し官僚化した会社の中で、若い二代目が後を継ぎ、突然、新しい方針を打ち出して、カリカリになって文句をいう。それに対して、お父さんの時代からおられる幹部が誰も共感せず、「ナニをいうとんのや」と冷たい目で見ている。

この二つの問題を抱えていると考えたほうがいいかもしれません。そうするとまず取り組むべきは、あなたも気づいておられるように「社長の新方針を社員にどう浸透させるか」です。

「宣教師」をつくる

京セラの創業者である私でも、会社の方針を部下に伝えることには、ずいぶん苦労したものです。機会あるごとにみんなに集まってもらい、私の考えを必死になって伝えていこうとしました。ところが組織はだんだん大きくなり、最初二八名だった会社が一〇〇名、二〇〇名、五〇〇名の規模になっていく。その一方、社長である私は、製造も見なければならないし、研究も進めなくてはならない。また、営業にも走らなければなりません。

二八〇名の社員に「私は会社をこうしていきたいのです。みなさん協力してくださ い」といっても、意味をわかってくれないどころか、誤解さえされてしまうと、あなたは嘆いておられます。しかし、それを伝えていくのは、並大抵のことではないのです。お父さんに対しては一目置いている幹部も、二代目に対しては、表現が悪いですが、「デキの悪い息子が」という目で見ている。あなたがまだ小学校に行っている頃から見ている幹部もいて、「中学、高校とデキが悪かったのに、大学も出て、社長の息子だからというので専務をやっている」と思っている。もともとあなたに尊敬や信頼を寄せていない状態なのです。

私は創業者ですから、泣いても笑っても、ボンクラであろうとアホであろうと、最初から社長です。その私でさえ、考えを伝えることはなかなか難しい。ましてや二代目で、もとからあなたをなめてかかっている人たちを説得しようというのは至難のわざです。だからといって、自分が二八〇名の社員に会って、直接方針を伝えていこうとしてもその時間がないわけです。ですから、幹部の人たちに話をして、その人たちから伝えてもらうしか方法がないわけです。

私も社員が二〇〇名、三〇〇名と増えてきたときに、たいへん悩みました。そのとき私は、私を心から尊敬し、私のかわりに社員に話をしてくれるような、そういう幹部をつくりたいと思いました。キリスト教の宣教師が江戸時代初期の封建社会の中で、長崎の地で命をかけて布教したように、私の教えを社員に説こうという幹部が私の周辺にいてほしいと思いました。そういう幹部がいなければ、何千名、何万名という組織になったときに、会社は瓦解してしまうのではないか。私の思想、哲学を命をかけて伝えてくれるような、宣教師みたいな人たちがほしい。そういう幹部をつくらなければならないと思ったのです。

今、あなたも「自分に共鳴し、共感し、自分の考えを伝えていくような幹部をつくりたい」と考えておられる。それは組織を運営していくには絶対の条件なのです。

私も同じように思ったのですが、なかなかそういう人をつくれなかったので、冗談めかして「オレは孫悟空になりたい」といったものです。孫悟空は自分の毛を抜いてプッと吹いたら、分身がいくらでもできます。孫悟空になって分身をつくれば、考え方を分身に伝えさせていけるだろう。そのくらい切実に、私の思いを伝えてくれる人がほしいと願ったのです。

そのため、私は必死になってそういう人を養成しようと、あらゆる機会を設けて訴え続けました。すると、「宣教師がほしい」という私の考えを耳にタコができるほど聞いてきた、創業時からいる人たちが、「社長が心からそれほど願っているなら、自分はその任にふさわしくないかもしれないが、一翼を担おう」と動き出してくれたのです。そういう人たちが幹部になっていくのです。あなたの考えに共鳴し、その考えを社員に伝えていく「宣教師」が出てくるよう、自ら努力し幹部と話し合うことです。

よく説得したうえで命令する

次に、「社風を変えていきたい」とおっしゃいました。「ノルマに対してやらせる」といったやり方、つまり、今までのように命令してやらせるやり方を排除して、各部門、職場ごとに分科会を形成し、社員一人ひとりが考えるような場をつくり、自主性のある人材をつくっていきたいということです。

今、あなたが会社の古い幹部たちに、「アレやれ、コレやれ」といってもそれが機能しないのは、組織が官僚的になって、非常に硬直化した状態だからです。また一方で、あなた自身、命令さえすれば人が動かせると思っているからです。

ただ命令するのではなく、なぜ、今これをやってもらわなければならないのかということを、あなたが諄々と説かなければなりません。みんなが、「なるほどそうか。それなら私もひとつがんばろう」と思ってくれるような説得をしたうえでの命令でなければならないのです。何の説明もせずに、ただ「やれ」と命令を出すだけでは、まとまっていかないのは当たり前です。

あなたの会社の問題は、長い歴史の中で硬直化してしまった組織と、官僚的になってしまった幹部にあります。そのために、組織が機能していない状態になっているのです。あなたは、社員一人ひとりに考える場を与え、自主的に行動させようとされていますが、それだけでは問題は解決しません。硬直化した組織を改革し、官僚的な幹部の人たちを排除するべきだと思います。

会社に「明治維新」を起こす

まずは、あなたがすばらしい指導性を発揮し、あなたの会社経営に対するコンセプトを理解してくれる幹部を養成していくことが必要です。その人たちの人心をまとめていく。これはあなたが心血を注いで取り組むべきことだと思います。

そのためには、あなたの考えに共鳴できない古い幹部を徐々にでも外していくことが必要かもしれません。これはお父さんともよく相談されなければならない重大な問題だと思います。あなたに共鳴し、あなたに共感してくれる人たちとともに「お父さんの時代からやってきた幹部の人たちは、新しい方針に非協力的です。徐々に、私を中心にした若い幹部とでこの会社をやっていくようにしたい」と理解を得なければならないと思います。社内に大きな影響力を持っている人たちを徐々に外して、若い人たちで会社を経営していくということは、まさに革命に近いことです。

それを実行していくには、一時的に社内が落ち着かなくなる可能性があるだけに、相当綿密に練って、あなた自身がたいへんな情熱を燃やして取り組むべきだと思います。ですから、まずはあなたと一緒に命をかけてこの会社を再建していこうという同志をつくることが大事です。

それにはあなたがどういう考えの人間で、会社をどうしていきたいかをとことん話すことです。部下があなたに共鳴し、「幹部として一緒にこの会社をやっていこう」と気持ちが高まっていくようにしなければならないでしょう。私だったら、お父さんにも了解をとったうえで、そういうことをします。お父さんは「それは非常に危険だ。会社をガタガタにしてしまう」という理由で、おそらく簡単にはウンとおっしゃらないでしょう。まさに明治維新と同じで、革命の幕開けだと思います。

あなたが若い人たちと、日中、頻繁に会うわけにいかないとすれば、仕事が終わってから、夜、集まっては話をして、本当の同志的結合をしていかなければならないだろうと思います。明治維新を企てた連中が夜な夜な京の都に集まって、理想の未来について熱く語り合ったのと同じです。

ですから、あなた自身が、これはという社員を見つけ出して、あなたの考えを話し、心から賛同してくれる腹心の部下にしていくということを、今後やるべきだろうと思います。そうすることで、徐々にですが、あなたの理想とする、社員一人ひとりが、自ら考え、行動する会社風土に変わってくると思います。

【経営問答2】みなが納得できる評価法はあるか

◉質問

弊社はポリエチレンのフィルムを製造する会社として四〇年ほど前に創業した合成樹脂メーカーです。売上は約九〇億円、経常利益が約四億円、社員は約四〇〇名です。

創業当時から二次加工といわれるフィルムを成型した後の成体加工を、業界に先駆けて内製化することによって競争力をつけました。また、販売面では地場のみならず、早くから関東、関西に営業所を出してきました。

当初は、テレビの筐体（機器類を収める箱形の容器）を包装するための、織布にポリエチレンをラミネートした製品を特定の家電メーカーに納入していました。しかし、昭和四〇年代後半からテレビの筐体がつや消しのものに変更したのに伴い、この製品は使えなくなってしまいました。そこで発泡ポリエチレンという緩衝材を使って新たな製品を開発したところ、日本の家電メーカーはこぞって採用してくれました。

オイルショック後、この発泡ポリエチレンを内製化すべく、子会社を設立しました。設立後、家電メーカーが生産拠点を海外へ移すなど、いろいろな出来事がありましたが、合成樹脂製品の用途開発を積極的に行い、発泡分野を中心に、多様な分野への販売を行ってきました。

創業二五年後には関西、その二年後に関東に製造子会社を立ち上げました。二つの子会社を相次いで設立したのは、当社の製品はコストに占める運賃の比率が非常に大きいため、消費地に近いところでの生産が不可欠だからです。近年にはプラスチック段ボールの事業がスタートし、現在に至っています。

こうして弊社のグループは現在、五つの会社から構成されています。親会社以外の四社は製造会社であり、販売は親会社である私の会社がすべて行っています。販売エリアは日本全国で、包装資材、日用雑貨品、建築用資材、節材などの分野に用途を見つけています。それが弊社の特徴です。

現在、私が社長に就任して七年目になります。創業者であり、父でもある会長は、数年前より体調を崩し、現在は会社について相談できる状態にありません。私が社長に就任してしばらく後には、若手の役員を実務の中心に据えるとともに、私の考え方である「生きがい、働きがいある職場をつくり、業界一の会社にする」という目標を掲げました。現在、十分ではないかもしれませんが、役員クラスは私の考え方を理解してくれていると思っています。

今後ますます厳しくなっていく合成樹脂の業界において、弊社では、さらなる生産の合理化や管理手法の見直しなどを実施していく予定ですが、特に社員の評価と役職制度の見直しを進めたいと考えています。

評価については、以前は上司の感性により部署ごとにバラつきがあり、明確な基準がありませんでした。また、バブルの時期から、現在八段階に分かれている役職制度の運用が甘くなり、役職手当を生活給の一部と見なすような部署も出てきたため、部署によっては若い世代のほぼ全員に班長や副班長といった何らかの役職がつくという状況になっています。そこで、工場と営業とで昇進に差が出るといった弊害が起きています。

こうした問題点を踏まえ、現在は以下の考え方で進めています。

まず評価は、三年前より課長以上の管理職に対して、予算に対する実績を数字で出し、これに予算の実行項目に対する上司の評価を点数で表し、合算するというやり方に変更しました。それに先立ち、四年前から賞与は業績連動型にしており、賞与を抜いた損益に対してある割合で賞与の総額を決定するという仕組みを定着させています。また、管理職では一定の範囲内で、賞与・昇給に差をつけるようにしました。

しかし、東京と関西においてのシェアや客先の状況が違うといった環境により、評価が左右されることが多く、工場においてもつくっている製品の違いにより公平な評価が難しいといった問題点があります。また、予算に対しての実績で評価の数字を出していますが、難易度による違いや、予算を達成するとそれで満足してしまうなどの矛盾が出てくるため、最終的には役員会での調整によって決定しています。この評価については、最終的には個人、もしくは小さな集団での数字目標と目標管理を評価の基準にしていくつもりです。

役職制度の見直しについては、以下の基本的な考え方で進めています。第一に、年功序列や学歴、経歴などではない真の実力でリーダーが選ばれるようにしていくこと。

第二に、八段階ある職階を減らし、意思疎通をよくするとともに、それぞれの適性に応じて、組織のリーダーになる人と、専門性を生かす人に分けていくこと。第三に、目標通りの業績が続くかぎり、こうした見直しを行う際に、現在の役職者の待遇、つまり手当てなどの金銭面や保障などについて、改定後に不利益にならないようにすること。

以上のような考え方をもとに、まず真の実力でリーダーを選ぶことを目的に抜擢規定を設けました。さらに八つの職階を責任能力や技術、技能のレベルによる資格的なものに置き換え、そのうえで組織の責任者という意味での職位を設ける方向で検討しています。

こうした評価や役職制度の見直しに関して、評価についての基準はどうあればよいのかについて、お聞きしたいと思っています。従来なかなか差が出なかった評価を広げ、メリハリをつけるようにやってきましたが、必ずしも納得のいく結果を得られず、必ず後で調整を施しているのが現状です。営業などハッキリと数字に出やすい部門とそうでない部門、各地に分かれた部門間の評価方法は、どのような基準でやっていけばよいでしょうか。

また、役職制度の見直しは待遇を落とさずにやっていこうと考えていますが、このような私の考え方に対するご意見をお聞かせください。

◉回答

評価は難しい。ルールだけに頼らず、トップみずから心血を注いで社員を見よ

評価のルールには矛盾が出てくる

あなたの会社は売上が九〇億円近く、約四億円の経常利益を上げ、四〇〇名近い社員がおられるということです。社歴も四〇年ほど経っています。やはり四〇年も経てば、会社全体の組織が非常に緩んでしまい、温情主義で賃金が決まり、成績がいい悪いにかかわらず給与が上がっていく。また、役職手当をつけようと、一定の年数が経てば係長や課長にしようとし、みんなが役職者になってしまう傾向がある。これではいけないと危機感を持って、現在の給与や賞与、役職のあり方を見直したいとお考えです。

これは非常に難しいことです。日本の場合、どうしても年功序列で賃金が上がっていきますから、私もメリハリのあるルールにしたいと、いろいろと考えました。その

とき、今のあなたと同じように、公正に評価ができるような合理的なルールをつくれないものかと試してみました。しかし、これがうまくいかないのです。

人を評価するということほど、難しいことはないのです。二〇、三〇人の社員であっても、人を評価し、給与を上げたりするのは、なかなか難しいことです。非常に難しく、やりにくいものだから、経営者はみな、ルールをつくり、客観的な評価をする方法はないかと考えるわけです。

ところが、ルールをつくってもすぐに矛盾が出てきて、何年も使えないのです。もし「ルールをつくってうまくいっています」という企業があるとしても、それはほんとうにうまくいっているのではなく、うまくいっているように思っているだけです。労働組合といっしょになってルールをつくるのですが、不平不満が出ないようにつくっているだけで、それでうまくいっているように見えるだけです。それは決して会社を活性化したり、発展させたりしていくようにはなっていません。

ちょうど今あなたが考えておられるのと同じように、年功でみんなが役職についていくものですから、私も役職制度を止めました。部長、課長、係長という呼称も止めました。そして、Aさんには二〇人のグループのこの仕事、Bさんにはこの工場を見てもらう、というように仕事を割り振り、その部門の「責任者」とする責任者制度を始めました。仕事がうまくいかなくて責任者を降りたら、一般の社員に戻るだけです。その場合、ほかの人に責任者になってもらうのです。部長や課長といった呼称があると、部長が課長に降格したとなれば「面子がありません」といって辞めるなど何かともめることになります。ですから、責任者と一般の社員という区分にしました。

では給与はどうするか。私の場合、資格制度というものを設けました。資格というのは、社員の職務能力に対する処遇をあらわすものです。資格には、参事、副参事などのランクがあり、給与はこの資格をベースとして年功などを加味して決まります。また、責任者になったからといって、役職給をつけていないため、責任者を外れたからといって給与のベースが下がることはありません。

こうして、社員の処遇に関する位置づけは資格であらわし、職責をあらわす責任者には随時、適任者を任命するようにしたのです。ですから、この資格については、社内でも一般に使いません。社内で使うのは責任者という名称です。

成果主義で活性化は図れない

どうすれば社員にやる気を起こさせるかは、リーダーの永遠の課題です。一番難しいのが部下を評価することです。部下を昇格させ、プロモーションすること、あるいは、コイツはデキが悪いから降格する、ということも非常に難しいことです。それは、その評価が本人だけの問題だけでなく、周囲の人に非常に大きな影響を及ぼすからです。成果はパッとしないが、真面目にやってくれているからといって、部下を昇格させたとする。本人は喜ぶかもしれませんが、周囲の人が見た場合に、あんな奴が昇格して何で自分が上がらないのかと、逆にモチベーションを下げることになります。また、降格させれば、今度は自分も降格されるのではないかという恐怖心が出てきて、それもモチベーションになりません。

このように評価というのは難しいものだから、そのルールづくりに悩んでおられ、いい方法があれば私に聞いて、それにすがろうと思っておられるわけです。

評価にそういう便利なルールはありません。やはり、人を真剣に評価しようと思えば、社長が四〇〇人という社員を心血注いで見なくてはならないのです。そのためには、社長が自らその組織の中に入っていく。つまり、会議などにもすべて出ていくのです。

もちろん業績も重要になってきます。あなたの会社は五つありましたが、五つの会社の中は部門別になっていますから、部門別の業績が管理会計により出てきます。当然その部門ごとに来期はどうする、その次はどうするというようにトップを含めてみんなで目標を立てます。その目標に対して、どう達成したのかが業績になって出てきます。

その場合の客観的な評価方法として、成果主義を導入する企業が多いようです。成果を上げた人には多く払います、上げられなかった人にはあまり払いませんというのが成果主義です。しかし、成果主義で社員のモチベーションを高めようとしても、高まるものではありません。確かに目標を立てて、うまく実績を上げれば、それは評価をすべきだと思いますが、目標を達成できなくても、必死でがんばった人にはがんばったなりの評価をしてあげないと、後々のモチベーションが上がりません。結果の数字だけの問題ではないはずです。

そういう人間の情や心理を考えると、評価は理屈通りにはいきません。業績が上がれば賞与はアップします、業績が下がれば減らしますという成果主義は、シンプルで客観的に見えますが、大企業をはじめ、多くの企業が導入してうまくいかなかったのです。そのやり方では社員がやる気を失うことになります。

確かに業績が上がって、ボーナスをたくさんもらったときはみんな喜んで張り切るのですが、不況になって業績が悪くなり、「今度はボーナスは出ません」というときが問題です。家には奥さんも子供もいて、今度のボーナスはいくらもらえるのだろうと期待しているのに、ボーナスが出ないとなると、「住宅ローンもあるのに」とみんなブツブツいい出す。前回は他社の倍ほどボーナスを出したことで喜んでくれたのに、誰も「この前は倍もらったから、今回はゼロでも我慢しよう」とはいわないのです。「うちの会社は確かに業績が悪いかもしれないけど、われわれにも生活があるから困る」と、一気にやる気を失ってしまいます。

経営者は一流の心理学者たれ

結局は業績がいいときも無茶をせずそれなりに、悪いときは歯を食いしばって、社員の生活を考えて面倒を見てあげるという考え方が必要です。社員の生活を考えれば、いいときにはボーナスをはずみ、悪いときには払わなくてもいいというわけにはいかないのです。人間はみな感情の動物です。ですから、経営者というのはすばらしい心理学者でなければならないのです。働く人たちの気持ちが、どう揺れ動くかが読めないようでは、経営者のうちに入りません。

評価のルールを決めておけば一番楽なのでしょうが、そういうことをするよりは、ほんとうに心血を注いで社員を見ていくことが大切です。私の場合は、部門別会議などに出て、その中で社員が意見をいい、数字を使って説明したりする様子をしっかり見ます。今度は仕事を離れて一緒にコンパで飲んで、その社員の言動を聞き、「やはりこいつはしっかりしているな」「こいつはチャランポランだな。会議のときには偉そうなことをいうけれども、人間としてダメだな」など全部見抜いて、最終的な評価を下します。また、幹部にはそういう見方をして自分の部下を評価しなさいといいます。あるルールを決めて、「それに従って評価をしなさい」ではなく、ともに働く中で、「自分の部下をどこまで見ているのか」が、決め手になると思います。

給与水準、ボーナスの水準はどうすればいいかという問題については、やはり同業他社のいろんな資料を集めて参考にするべきです。同業他社や地域の同等の会社と比べて、決してひけを取らない、もしくは、それよりも若干いい待遇ができるようにすればよいのです。業績によって上げ下げを勝手にするのではなく、世間相場というものを見てやるということでいいのではないかと思います。

人を評価することは、ほんとうに難しいことです。それだけに、社員の心理をよく考え、心血注いで、真剣かつ慎重に取り組むべきことだと思います。

【経営問答3】

社風をよくして、伸びる会社をつくるには

◉質問

私どもの会社はＯＥＭ（相手先ブランドによる生産）による魚肉練り製品と冷凍食品の製造、および自社ブランドによる塩乾物中心の海産物の製造をしています。私で三代目になります。売上は一昨年度が約一四億円、昨年度は一三億円でした。原料魚の高騰を価格に転嫁できない一方で、収益性の高い商品構成への転換もままならず、利益がジリ貧傾向にあるのが悩みの種です。社員は役員三名を含み三三名、このほかにパート社員が六〇名ほどいます。

私は経営者の成果というものは、豊富な情報とヒト・モノ・カネといった経営資源を効率よく動かすことで利益を確保し、会社のビジョン、理念を達成していくことだと考えています。そのためには経営者自身が確固たる信念を確立し、さらに人格を高める必要があることはいうに及びませんが、一方では成果が出るかどうかは各製造現

場、営業現場、あるいは事務部門に配置した社員の努力に負うところが大きいと考えます。だからこそ、部下と思いを共有し、お互いを理解するような人間的な結びつきが必要かと思います。まさに心や哲学といった問題になるのだろうと考えております。

そこで、第一に人材育成のポイント、第二に伸びる会社を築くために社風をどう形成すべきかをお教えください。

第一の「部下の心をつかみ、いかに人材を育てるか」の質問に関連して、私が当社で物足りないと感じるのは、会議中に積極的な発言が少ないこと、改善を要すべき事項について言い訳が多いこと、対策を検討するときもできない理由ばかりを列挙すること、業務遂行の結果に対する責任感が希薄なことです。

私は、それぞれの役割、立場においてグループの目標、会社の目標、あるいは個人の目標に向かって積極果敢に行動する社員が理想であり、あるべき姿と考えています。そうした理想像を実現するために、年度初めの経営方針発表会、現場幹部を対象とする毎日のライン朝礼と毎月の製品検討会、さらに部長以上の全員を対象とする業績検討会を毎月開いてきました。また、本年度からは社外研修も始めています。その結果、今期は売上が一五％アップし、経常利益も約三〇〇〇万円の計上ができそうです。

次に第二の質問ですが、伸びる会社には必ずよい社風があり、それが社員に共有されていると思います。私自身が目指しているのは、目標に向かって常に創意工夫をこらし、明朗快活な心と積極的な行動で全社一丸となってことに当たる社風づくりです。そのために「常に創意工夫をしよう。いつも前向きに考えよう。決してあきらめないようにしよう」という行動指針を掲げ、日夜努力していますが、なかなか成果が上がりません。現在の私は、職業柄、地域の会合や予定外の来客対応に追われ、集中して仕事に取り組めていないという現状があります。こういったスケジュール管理も含め、社員が心から納得し、共有できる社風づくりのため、私自身がどう勉強し、どう行動すべきかをご教授ください。

◉回答

現場にトップの姿なくして、社風はつくれない

現場に利あり

経営についてたいへんよく勉強しておられ、経営理念をつくり、それにもとづいて経営にあたっておられる。そのこと自体はすばらしいことで、間違いではないのですが、あなたの場合、勉強して頭で考えた経営理念、会社のあるべき姿というのを形だけ取り入れておられるという感じがします。経営において、今、あなたがすべきことはそんなことではないと私は思います。

冒頭で、お仕事はOEMによる魚肉、練り製品および冷凍食品の製造といわれました。OEMですから、自社ブランドではなく、どこかの海産物問屋から注文をもらって、そこのブランドとしてつくって、納める。納めた先はそれに利を乗せて、小売屋に出していく。ですから、自社ブランドでつくって自分で売る場合に比べれば、二割

も三割も安く引き受けなくてはなりません。

そうすると、材料にしても一般の魚肉の練り製品をつくっている会社と同じものを仕入れているようでは値段が合わないわけです。売値が二割か一割五分安いのですから、仕入れの段階で、いいものを同業他社よりも、もっと安く仕入れなくてはならないのです。さらに大事なのは社員一人当たりの生産高、つまり生産性です。社員が他社の何倍も効率よく働いてくれなければ、同じような原価になってしまう。それでは利益が出るわけがありません。

先ほどあなたは、経営に必要なことについて、勉強してきたことをいろいろと述べられました。たとえば、「経営者の成果というものは、豊富な情報」とおっしゃいましたが、豊富な情報なんかどうでもよいのです。また、「ヒト・モノ・カネといった経営資源を効率よく動かすこと」、これも関係ありません。「成果が出るかどうかは各製造現場、営業現場、あるいは事務部門に配置した社員の努力に負うところが大きい」とおっしゃった、これはその通りです。ですから、あなたが現場に行くのです。利は現場にあるのです。現場の社員に負うところが大きいのではなく、あなた自身が現場に行って、利益を出せるようにしていかなくてはならないのです。

ＯＥＭで、ただでさえ受注金額が安いわけですから、最初から材料そのものをよく吟味して、いいものをどこよりも安く仕入れるようにしなければならない。その仕入れ先が何十キロも離れたところであっても、あなた自身がトラックを運転して行くのです。運送屋を使ったら高くつきますから、あなたが今、乗用車に乗っているのなら、それを売ってトラックにする。それを使って人が仕入れに行かないような遠くまで行って、いいものをどこよりも安く仕入れてくる。社長自身が走り回って、どこよりも安く仕入れてこなければ、利益など出せません。その現場に利があるのです。

一二億円、一三億円の売上があるのですから、たとえＯＥＭ、下請けであっても、一割の利益くらいは軽く出せるはずです。今、あなたがすることは、利益を出せるようにすることなのです。

現場で厳しく追及する

「部下の心をつかみ、いかに人材を育てるか」という質問をされるだけあって、あなたは年に一回の経営方針発表会や、現場の幹部といっしょに出る毎日の朝礼、毎月の製品検討会、また部長以上の全員を対象とした業績検討会に力を注いでおられます。そういうことも大事ですが、それは毎日の経営現場における追及が行われていて、初めて生きてくるのです。

利益が出ていない現場に行って、あなたが、「この原価を安くするにはどうすればいいのか。こんなことをしていたのでは、利益が出ないではないか」と追及するのです。たとえば練り製品をつくっている現場では、材料の保管してあるところに行けば、そこにはおそらく調味料からいろいろなものが置いてあると思います。その置き方ひとつ見れば、中身をこぼしている場合もあるでしょう。それに対して、「何をやっているのか」と指摘する。こんなずさんな管理だから、利益が出ない。原料を粗末にしていることから原価が高くなっていくわけですから、そういうことを厳しく追及し、正していくのです。

結局のところ、トップ自身が現場をよくわかっていないとダメなのです。わかって厳しく追及しているから、毎日の朝礼で昨日の結果を発表しても効き目があるのです。

そういう追及がなされていないのに朝礼で話をしても、それはただ意味のわからないお経を誰かが読んでいるみたいなもので、何にもならないのです。

とにかく利益を一割出すにはどうするかを考えること、その一点に絞ることです。「社員を含め、幹部社員を集めて会議をしても意見が出ません」と先ほどおっしゃいました。そんな積極的な意見がどんどん出るぐらいなら、会社経営で誰も苦労しません。意見が出ないなら、あなた自身が現場に行って「こうせい、ああせい」というのです。しかも、そのいっている内容が正しくなくてはならない。つまりあなた自身が仕事に精通していなければならないわけです。残念ながら、今のあなたは精通していないのです。

その証拠に、あなた自身が地域の会合や来客に時間を割かれ、仕事に集中できないとおっしゃっている。予定外の来客に会う必要などありません。それは何もしていないのと同じです。仕事一点に集中すべきです。こんなきついことをいうのは、そのくらいいわないとあなたの考え方が直らないと思うからです。

現場に精通する

私はあなたを弟のように思うから、ここまでいうのですが、今日を境にこんなことはやめるべきです。率先垂範して現場に出るのです。現場が大事です。私はみなさんに「理念をつくりなさい。哲学が大事です」といってきました。確かにそれらは大事なのですが、こんなふうに理念や哲学だけが先行しても意味がないのです。

経営は、利益が上がるようにすることが大切です。そのためには、あなたが毎日現場に出て、大ベテランになるのです。現場に行って、社員が「もううるさくてかなわん」というぐらいにならないといけません。「この前社長になったばかりなのに、よけいなことまで調べてよく知っている。前は現場に来ないからよかったが、このごろは日曜日まで現場に出てきて、箱を開けたり、蓋を開けたりして見るものだから、われわれのいいかげんな仕事ぶりが全部わかってしまう。最近誰が入れ知恵したのか、毎日長靴を履き合羽を着て、製造現場に入り込んで『俺も手伝うわ』といい出した。何やかやと調べては文句をいう。かなわんな」。そこまでになることが、必要なのです。

あなたの規模の会社であれば、新入社員で入って社長にまでなっていこうと思えば、現場で長靴履いて合羽を着て、寒い冬でも水仕事をしなければならない。そういう下働きを一生懸命して叩き上げで社長になっていくはずです。社長になっていく過程で、現場に何が落ちていたか、何があったか、何が問題かということを把握する。全部知ったうえで社長になるのです。

そういう現場の苦労も知らずに、社長の息子という理由で、あなたは大学を出てそのまま横滑りで社長になった。しかし、社長になってからでもいいから、現場の勉強をするのです。まだ右も左もわからないときに下働きをするよりも、学校も出て相当知恵もついてから下働きをしたほうが、はるかにものを覚えるし、着眼点も正しくなるはずです。

なぜそんなことをいうかといえば、今、あなたの会社が危機に瀕しているからです。利益を上げなければならないのに、その解を社員は持っていない。解を与えるのはあなたしかいません。会議をやってみんなに、「意見はないか」といったところで出るわけがありません。それはトップが自分で勉強し、自分で仕入れをし、どこの何が安くて、何がよいかということを知らなければならない。だからこそ、幹部の何倍も働いて、何倍も知っていなければならない。トップはそういうことをやらなければならないのです。

厳しい追及があるからこそ、経営理念が生きる

トップが現場を知り、知ったうえでガンガン追及し始めると、今度は社員とトップとの人間関係がささくれ立って、雰囲気もギスギスしてきます。「あそこまでいわなくてもいいではないか。あの人だって真面目にがんばっているではないか」と不満も出てきます。しかし、そういうことに同情をしていては、経営になりません。現実に、利益が落ちてきているのです。だから心を鬼にして叱るのです。叱れば人心がささくれ立ってくるし、雰囲気も悪くなってきます。なぜそこまで厳しくしなければならないのか、そこで理念や社風が必要だということになるのです。

京セラの経営理念は、「全従業員の物心両面の幸福を追求すると同時に、人類、社

会の進歩発展に貢献すること」です。つまり、「うちの会社は従業員を大事にします。従業員の幸せを追求します」ということだけなのです。従業員の幸福を守ろうと思うからこそ、私はいい加減な仕事をしている社員を厳しく叱りました。

「私の会社は、私が金儲けをするためにみなさんをこき使おうとしているのではありません。みなさんを守っていこうと思うから、いい加減な仕事ぶりでは困るのです。あなたの待遇をよくしてあげようと思うから、私は厳しく文句をいっているのです」

すべては従業員の幸福を守るため、この一点で私は厳しく叱ることができました。

トップが現場へ行き、厳しく指導することなく、理念や社風だけが先行しても意味がないのです。トップが現場で率先垂範し、一生懸命働くからこそ、伸びる社風が生まれるのです。きついことをいってしまいましたが、弟のように思っていっていることですからどうぞ、許してください。

【経営問答4】

経営不振を払拭し、社員の心をまとめていくには

◉質問

わが社の業務は、賃貸物件、売買物件の仲介、家主代理の管理業およびリフォーム業です。社員二六名、パート一三名で仕事をしています。売上は約四億円、経常利益率は約二〇%です。

二一年前、五坪の店舗で創業しました。資本金六〇〇万円、社員一人、パート一人のスタートでした。会社設立にあたっては、「創業の心一四条」をつくりました。これは「儲けようとするのではなく、結果として利益が出るようにする」「日々精進する」「グローバルな考え方で物事を行う。ただし現実は着実にやっていく」「絶えず革新を続ける」——など、自分の言葉で一四項目を書き連ねたものです。「創業の心一四条」は、このような会社をつくりたいという私の思いを込めたものであり、自分への戒めの言葉でもあります。

その後、経営が苦しくなり、給料が払えなくなり、社員とパートに辞めてもらわなければならなかった時期もありましたが、何とか危機を乗り切り、創業六年目には五坪の店舗が手狭になり、現在の本社がある土地を銀行の紹介で購入できました。店舗を新しく、大きくすることにより業容も拡大し、店員、パートも増えていきましたが、社員が増えることは決して楽になることではなく、経営者としての責任が重くなることだと思いました。その後も、業績は順調に伸びていったのですが、何か大きな壁にぶつかったと感じざるを得なくなってきました。

特に毎年、経営方針書を成文化する時期が問題でした。

わが社は五月決算なので、毎年五月になると社員といっしょに宿泊研修をします。経営方針書づくりというのは、私がつくった来期の基本方針にもとづき、賃貸、売買、管理、リフォームの各部門のリーダーが中心になって具体的な事業計画を数字に落とし込んでいく作業です。

ところが、なぜかこの時期になると社員の退社が続くのです。ひところは、この時期に「社長、相談があります」と声をかけられると、「また退職願いか」と暗い気持ちになりました。よい会社をつくりたい、よい経営者になりたいと努力しているにもかかわらず、こんな状態では、方針書づくりを諦めようかと思ったこともありました。

困り果てていたあるとき、あるコンサルタントと出会い、この方に社員面談をお願いしました。一週間後、その報告書を見て、私は愕然としました。そこには「社長は人を見る目がない」「社長は夢がない」「朝、左を向けと指示するが、夕方には右を向けと指示する」「この会社には夢がない」など、社長と会社に対しての不信、不満と本音が語られていたのです。私は悔し涙を流しながら、何度も読み返しました。そのとき「創業の心一四条」を思い出すとともに、これがわが社の現実だと思いました。

報告書の内容がすべて正しいとは思いませんが、指摘された課題を真正面から受けとめ、優先順位をつけて一つひとつ解決していくのが経営者の仕事だと考えました。それと同時に社員の人気取りで経営しているのではない、会社の方針に合わずに辞めていく社員が出るのはいたしかたないと、覚悟を決めました。社員が一人辞めたら二人採用しよう、そこに新しい出会いがある、と前向きに考えました。塾長の教えの中に「人の心ほど移ろいやすいものはない。しかし、ひとたび固い絆で結ばれれば、これほど強いものはない」という言葉があります。私はこの教えを深く胸に刻んでいます。

事業を始めた以上、利益を出し続けることは企業の存続上必要なことだとは理解していましたが、心の中では、釈然としないものがありました。しかし、塾長のテープや書籍をくりかえし勉強する中で、塾長が石田梅岩の例を引いて利の正当性を説いておられるのを聞いたとき、長年の胸のつかえがスーッと消えたような思いがしました。

今年は創業して二一年目になります。創業時の苦しい時期を経験し、「赤字決算は経営者失格」という気持ちでこれまで努力してきました。今後も、地域社会に貢献できる存在意義のある会社、人間性豊かな人間集団にしたいと思っています。人間として、経営者として、まだまだ未熟である私が社員の心をまとめていくにはどのようにすればよいか、お聞かせください。

◉回答

「社員とともに御輿を担ごう」という思いで経営方針の策定を

まず社員を大切にすることから

あなたがつくられた「創業の心一四条」の内容すべてを知らないのですが、今、四項目ほど聞いたかぎりでは、あなたの野望と野心は謳われているけれども、働く社員をどうするかということは一つも謳っていないような気がします。また、地元で不動産業をやっていながら「グローバルな視点」ということをいってみても、それは雲をつかむような話です。

実際には、目の前にある小さな仕事をするわけですから、社員に対して「私と苦楽をともにしてくれますか。そのかわり、私も一生懸命がんばって、みなさんが幸せになるようにしてあげます」と、せめてそういわなければ、おそらく誰もついてこないと思うのです。あなたの会社は、大企業で、ものすごく魅力があって、そこにいたいという憧れがあるような会社ではありません。社員にしてみれば、ちょっと仕事がきつかったりすると、「この程度の給料だったら、ここを辞めて、よそへ行ったってかまわない」と思うわけです。

あなたにしてみれば、会社を立派にしていきたいと思うから、社員に「がんばれ、がんばれ」というかもしれませんが、それではあなたについていく魅力にはならなかったのだろうと思います。

しかし、そういう苦労をされて二一年間、がんばってこられたあなたの会社の経営内容はすばらしいと思います。売上が四億円で、二〇%近い経常利益を上げておられる。経営というのは利益が出なかったらダメだということを、ほんとうに真剣に考えて努力をされていますから、このような結果になったのだと思います。

私はあなたの性格をよく知らないのですが、相当勝ち気でがんばり屋なのだろうと思います。それが会社経営には非常にプラスになっていますが、中小企業の経営をやっていく場合には、鍵となるのは、何といっても社員です。

中小企業にはそんな立派な社員が来るわけはありません。京セラも零細企業から始まったわけですが、その当時は、どちらかというと、どこにでもいそうな人しか来てくれませんでした。しかし、そういう人たちをまず大事にするということから始めなくてはなりません。あなたにはその点が少し足りないのではないかと思うのです。

中小企業は、資金もあまりない、技術もない、徒手空拳で創業するケースが多いと思います。そうすると、そこにあるのは社員を含めた人間の心しかない。私の思想の根底にあるのは、その人間の心というものを大事にしてあげなければ、人をまとめることはできないということなのです。

「社員を惚れ込まさんか」

それにはまず、自分のことよりも先に社員をよくしてあげようという気持ちを持つことが大事です。そうして社員の心を大事にしたときに、そういうすばらしい社長の心に社員は感激し、「私はついていきます」といってくれるようになります。それでも、そのときだけであって、欲得が絡めば、たとえば他社の給料のほうがよければ、すぐ辞めて向こうへ行ってしまう。それを私は「移ろいやすい人の心」といっているのです。あるときには非常に強固に「社長、私もこの会社が好きですからがんばります」といったかと思うと、その舌の根も乾かぬうちに、ポイッと辞めていく。「何と人の心は移ろいやすいものだろう」と嘆きたくなります。

そういう移ろいやすい心など信用できないではないかと思うけれども、それでもそれを信じていこう。信じれば今度は強い心を持つ人もあらわれてくるはずだ。だまされてもだまされてもそれを信じていこう。そのことを私は「人の心というものは移ろいやすいものだが、ひとたび固い絆で結ばれると、これほど強いものはない」と謳っているわけです。

中小企業はお金もなければ技術もない、頼りになるのはそこに集まってきてくれた社員だけですから、その人たちの心を、社長を中心にしてまとめていかなくてはならないわけです。そういう社員たちに「この社長はすばらしい」と惚れ込ますのです。社員を惚れ込ませることができなければ、中小企業の場合は、まず成功しないと私は思っています。

惚れ込ませるには、まず社員を大事にしてあげるということしかありません。もちろんできる範囲でやるのです。会社もまだうまくいっていないのに、ベラボウに高い給料が払えるわけがありません。実際には世間相場より低い給料しか出せません。それなのに、「よそよりももっとがんばれ」といわなくてはならない。たいへんな矛盾を抱えているのです。矛盾があるうえに、労働時間も他社より長かったりするのですから、社長が社員にすごい愛情をかけないかぎり、物質的なものだけでついてくるはずがないのです。社員に、「やっぱりこの社長に惚れ込んでついていこう」と思わせるには、その社長が社員に愛情を注ぐしかありません。

「大善」が生きるのは、社員を大事にするベースがあってこそ

私のフィロソフィの中に「思いやりの心」という言葉がありますが、もちろん優しい思いやりの心だけで経営はできません。「思いやりの心」は、ただ単に社員によかれと思ってチヤホヤするということではありません。あなたも「社員の人気取りで経営しているのではない」とおっしゃっていますが、チヤホヤするのは「小善」だと私はいっているのです。「小善は大悪に似たり」といいます。ただ「いいわ、いいわ」

で甘やかして育てたのではロクでもない社員になってしまう。それは子供を育てるのと同じです。

立派な社員に育てようと思えば、厳しく教える、それは「大善」なのです。その大善をなそうとすれば、人はそれを見て「なんと情け容赦のない厳しい社長よ」と非難するはずです。「かわいい子には旅をさせよ」と昔からよくいわれます。「年端もいかない子供に世の中の辛苦をなめさせるとは、鬼みたいな親ではないか」と世間の人はいうかもしれませんが、その子供が成長して立派な大人になるためには、そういう厳しさが必要なのです。それは決して子供に対する愛情がないわけではありません。

あなたは、「利益追求ということに、いくらか迷いがあった。しかし、石田梅岩の言葉を聞いて救われた」とおっしゃいました。石田梅岩は、商人が利益を得るのは、侍が殿様から禄をもらうのと同じだから、決して卑劣なことではないと、商人が利益追求することを正当化しているわけです。そこまでの理解はいいのです。しかし、私の経営思想を貫く、「社員を大事にする」ということには、あまり気づいておられないと思うのです。あなたの場合は、自分の利益追求の正当性が得られて救われただけで、「社員のために」という思いが、経営方針にまったく入っていません。だから、社員が辞めていくのです。

一〇人や二〇人の事業形態だった場合の経営方針というのは、どうしてもトップダウンで「今年の経営方針はこうで、具体的にはこういう方針でいきます」といわなくてはなりません。それほど学問があるわけではない社員の人たちに責任を持たせ、「目標を達成するための数字の落とし込みをみんなでやれ」と押し付けてみても、それをつくる社員にすれば、責任が重くなり、押しつぶされてしまいそうになります。

ですから、いっしょになって経営方針をつくるのです。「さあ、これをみんなでやろう。オレも手伝うから、君、この部門の長としてがんばってくれ。困ったらいってくれ」と、社長がいっしょに御輿を担ぐのです。確かに事業部制にして、それぞれに責任を持たせることは、トップとしてはたいへん楽ですが、会社の規模も小さいわけですから、やはり社長自身が末端にまで目をかけなければならないと思います。経営者であるあなたが、現場で働く社員に本当の愛情を持って接することです。そうすれば、みんながついてきてくれるはずです。

「社員を大事にする」という私の哲学をきちんと理解してもらえば、会社はもっと発展すると思います。

第二章

社員のやる気を引き出す

夢を描き、心に火をつける

夢は成長の推進力

人生においても、会社経営においても、将来こうありたいという「大きな夢」を描けるかどうかで、その未来は変わってきます。夢を描くことは、人に希望を与え、明日への活力を生み出します。ですから、私は創業まもない頃から、大きな夢を描きました。

「この会社を西ノ京原町で一番の会社にしよう。原町一になったら中京区一。中京区一になったら京都一。京都一になったら日本一。目指すは世界一だ」

実際の京セラは、木造の倉庫を借りて細々とやっている会社で、町内には、当時の京セラにはとうてい追い抜けないと思えるような、大きな会社がありました。町内で一番になるのでさえたいへんなのに、「本当に世界一の会社を目指すのか」と、従業員は半信半疑でした。

他人から見れば途方もない私の夢でしたが、それでも私があらゆる機会をとらえて語り続けることで、いつしか従業員も私の掲げた夢を共有してくれるようになりました。さらに、その夢の実現に向かって、どんな障害をも乗り越えようという強い意志力が、集団の中に生まれてきました。

仕事の意義を説く

夢の実現や高い目標の達成には、時として現在の能力以上のことに挑戦していかなければなりません。零細企業だった創業当時の京セラが取れる注文といえば、他社が断った技術的に難しいものばかりでした。それでも私は、その注文を「できます」といって引き受けてきました。

客先から戻ると、私はすぐに幹部を集め、次のようなことを話しました。

「この製品の用途はこうだ。開発に成功すれば、さらにこういう展開が考えられる。今後の電子工業界の発展にも大きく貢献する製品だ」

もちろん、当時の京セラにそんな技術や製造設備はありません。そのような中で、私はその製品を開発する意義、その製品にかける夢を一生懸命説いたのです。「技術も設備もないのに、どうしてつくるのか」と、従業員の顔には書かれています。その顔が「よし、やろう」となるまで、私はとことん話をしました。従業員の気持ちを「どうしてもやり遂げるのだ」という気持ちにまで高めなければ、開発など成功するはずがありません。「何としても成功させる」と強い意志を持ち、努力を続ければ、必ず道は開ける。従業員にそのような思いを持って仕事をしてもらうために、仕事の意義を、自分のエネルギーを相手に注入するぐらいの熱意で説き続けるのです。意義や目的に納得できれば、従業員は自ら燃えて、その高い目標にチャレンジするようになります。

地道な努力を積み重ねる

大きな夢や高い目標を掲げることは大切なことです。しかし現実は、地味で単純と思われるようなことにも、毎日取り組まなければなりません。こんなことでほんとうに夢を実現できるのだろうかと、描いた夢と現実との間に大きな隔たりを感じ、焦ってしまうものです。事実、創業当時の京セラでは、みなが来る日も来る日も粉まみれになりながら、セラミックスの原料を調合し、汗を流しながらハンドプレスで成形し、高温の炉で焼成するといった仕事を繰り返していました。

しかし、どんなに偉大なことも、地味な努力を積み重ねることでしか達成できません。世界最高峰のエベレストに登頂するのでさえ、人間の足で一歩一歩踏みしめていかなければならないのです。非常に小さな、その一歩一歩の積み上げがエベレストを征服するように、全従業員が同じ目標を目指して、一生懸命に仕事に取り組み、地味な努力を連綿と続けていくから、困難と思えるような技術開発ができるのです。このような地味な努力の集積が、京セラの技術のベースをつくり、今日の発展をもたらしてくれることになったのです。

人は報酬では動かない、心で動く

従業員のやる気を出すために、成功すれば給料やボーナスをはずむといった方法もあります。簡単な方法ですが、事業はいつも成功するとはかぎりません。不況になり、事業がうまくいかなくなったとき、給与やボーナスを減額すれば従業員の士気はすぐに落ちてしまうでしょう。金銭で人を釣るのではなく、心の内から燃えるような動機づけを行うことが大切なのです。

人は高い目標を掲げ、さまざまな困難を乗り越える中でこそ、喜びや、やりがいを感じることができるものです。将来に向かって大きな夢を描き、仕事の意義を明確にし、従業員の心に火をつける。これこそがリーダーに与えられた大きな役割なのです。

【経営問答5】

3K業種の仕事で、社員に夢と誇りを持たせるには

◉質問

わが社は、大手鉄鋼造船会社の下請けの鉄製品の加工をしています。ここ数十年を顧みると、オイルショック、造船不況、円高不況といろんな不況を経験し、その中で人員削減や資産の売却などを行い、ようやく二、三年前から他産業と同じように一息つける状況になりました。しかし、その過程で絶えず悩んでいることがあります。

当社は、下請けの賃加工の業種で、きつい、汚い、危険な、いわゆる3K職場です。そのため、なかなか人が来てくれません。また、来てくれたとしても、長くは続きません。設計図がわかり、機械を使いこなせるように育てるまでには、五～七年はかかる仕事であるだけに、長く勤めてもらい、技術の定着を図りたいのですが、どうしても続かないのです。

社員に長く働き続けてもらうためにも、夢を持たせたいと考えるのですが、こうい

う企業環境で、社員にどのようにして夢を持たせたらよいのでしょうか。また、どういうふうに生きがいを感じさせたらいいのでしょうか。どういう考えを持って人を育てていけばよいかについて、お教えいただきたいと思います。

◉回答

仕事の存在理由を明らかにして、モチベーションを高めよ

3K業種だけの問題ではない

これはたいへん重要な質問です。3Kの仕事だからというのではなく、社員の動機づけをすることとは、すべての経営者に共通する重要な問題です。たとえば、営業部員に、仕事に対する夢と誇りを持たせるようなことが、どこまでできているでしょうか。また、経理の担当者に、経理としてのモチベーションを持たせることが、どこまでできているでしょうか。惰性で仕事をやっているだけで、社員にモチベーションを持たせられていないケースが少なくないだろうと思います。

私は、3Kとよばれる、きつい、汚い、危険な仕事だから、社員が夢と希望と誇りを持てないとは思いません。それが問題ではなく、「社員に対する動機づけ、モチベーションの高め方がいかに大事であるか」を経営者が真剣に考えていないからだと思

うのです。

よい経営者は、どんな仕事であっても、「私たちの仕事は、社会的にも人間的にもたいへん意義があるのだ。たいへん立派なことなのだ」と自分自身にもいい聞かせ、社員にもいい聞かせています。まず、社員に対して会社の存在理由、自分の仕事が社会で必要とされている理由を明確にすることが必要なのです。

フランス語では「レーゾンデートル」といいますが、「存在理由」を持てない企業は社会から消えていきます。まず、自分の企業がなぜ社会の中で存在しなければならないのかを明らかにすることが必要です。また社員一人ひとりに、あなたの仕事がなぜ必要なのか、その理由と、あなたの仕事は社会的にどのような意義があるのか、あなたの仕事がなぜ人間的に立派なのかがわかるように、高らかに謳い上げなければなりません。

それは何も3K業種で、人が集まらないからそうするのではありません。どの企業でも、どのセクションで働く人にとっても必要なことです。「あなたの仕事は社会が求めていることなのです。だからあなたは一生懸命にがんばらなければならないのです」と、意義づけをはっきりさせることが経営者の役割なのです。

私のモチベーションも初めはマイナスだった

なぜそういうのかといいますと、私自身、3Kのような仕事をやってきたからです。私は昭和三〇年（一九五五年）に大学を卒業し、焼物の会社に入りました。そこで、今でいうファインセラミックスという新しい研究分野を任されて、研究を始めたわけです。新しい研究分野といったところで、焼物というのは粘土を練ってモノをつくるわけですから、3Kの業種です。今でこそ、陶芸というと、芸術として家庭の主婦たちまでが趣味でやるようになりましたが、もともと陶磁器業の職場は、3Kの最たるものでした。

また、粘土や長石といった不純物が含まれている天然の材料を使うため、学問的にも決して進んだものではありませんでした。ですから、私のように有機化学を専攻していた者にとっては、焼物という無機化学の世界は面白くないわけです。就職先がなく、焼物屋へしか行けなかったから行っただけで、自分では焼物の世界で研究なんかする気はなかった。あまりにも不景気だったので、そこへ行かざるを得なかっただけなのです。

私の研究は、従来のような天然の原料ではなく化学的に合成した原料をつくり、その粉末を金型に入れてプレスして一定の寸法にし、それを焼成した場合にどういう挙動をするのかを見るというものでした。落雁という干菓子がありますが、同じようにセラミックスの粉をプレスに入れて固めるわけです。それを日がな一日やらなければならない。固めた粉末を今度は窯に入れて温度を設定しながら、焼成する途中でどのように収縮し、形状が変わっていくのかを研究しなければならない。一日中、一生懸命にやっていると、作業着も身体も粉末でドロドロになります。

セラミックスの粉末は、乳鉢で擦るか、またはボール・ミルを回してつくるのですが、その道具を洗うのがまたひと苦労なのです。次の原料をつくるとき、前に使った原料が少しでも残っていると、正しい実験データがとれませんから、きれいに洗わなければならないのですが、粉末がなかなか取れないのです。体はベタベタするわ、粉末で頭まで真っ白になってしまうわで、たいへんでした。そういう3Kの最たることを、若いころやっていたのです。

私の研究助手を務めてくれている人には、「朝から晩までプレスを押しなさい」「この窯をずっと見ていなさい」と指示していたわけですが、いっている私自身が研究をあまり面白いと感じていませんでした。「オレは有機のほうに行きたかったのに果たせなかった」と無念に思っていたわけです。

つまり、社員への動機づけという点では、ゼロに近いどころか、マイナスだったわけです。これでは研究がうまくいくわけがありません。

京セラ大成功のもとになったのは

こんなことではうまくいかないと気づいた私は、今までの気持ちを払拭して心の持ち方を変え、あることをしました。これが、京セラ大成功のもとになるのです。それは毎晩、助手たちを呼んで、「セラミックスとは……」と、私が先生になってセラミックスの講義を始めたのです。そのことが、実は社員の動機づけになるわけです。

その講義の一つに、助手が毎日押していたプレスに関係したものがありました。粉末は空気をいっぱい含んでいますから、押すときにプレス機のメス型とオス型のクリアランス（隙間）から空気が逃げていきます。空気が逃げて、どんどん減っていくことによって粉末が固まるのですが、そのときに、この粉末は空気の流れる方向へ層流（低速で流れる粘性の流体にみられる層状をなす流れ）となってそろいます。しかし、真っ白い粉のままでは、粉末がどういう動きをしているのかがわかりません。そこで私は粉末に色をつけてみたのです。着色した粉末を交互に層に積み、それをプレスしてみたのです。

ちょうど飛行機の研究をする場合の風洞実験と同じです。風を送りながら、翼を切ってくる風がどういう流れをするのか、煙をまじえて測る方法がありますが、それと同じようにやってみたのです。そうすると、ここにあった粉末が同じ場所で固まったのではなく、あちらへ動いているということがわかってきました。

そこで私は、助手たちに、「毎日毎日、あなたたちには、何の変哲もないような粉末をプレスしてもらっている。なぜこんなしんどくて馬鹿げたことをするのかと思っているかもしれないが、実は粉体の挙動や流れを調べているんだ」と説明をしました。

当時は油圧機械がなく、万力のような機械でプレスをしてもらっていたものですから、助手の一人はボディー・ビルダーみたいに筋骨隆々となっていました。その彼らを前に、私は大学の先生になったつもりで講義したのです。

「これは世界的な研究や」

当時は３Ｋという言葉はありませんでしたが、「こんな汚い仕事をやってもらっているが、実はこれはたいへんすばらしい学問なのです」と、説きました。

「この実験はあまりにも地味なので、学者は敬遠し、東大でも京大でも、どこもこういう実験はしていません。しかし、この粉体の挙動がわからずしてセラミックスはつくれません。なのに、頭のいい学者は、こういう汚い仕事、汚い実験は自分たちがするべき仕事ではないと思って、そこをみんな飛ばしてしまっているのです。

セラミックスの本を読むと、この粉末とこの粉末を混ぜてプレスをすればこんなものができると書いてあります。しかし、その粉末を混ぜたものが、どういう挙動をするか知りもしないで、モノができるわけがありません。混ぜたといっても、気体なら簡単に、ホモジーニアス（均質）に混ざります。液体も、混ぜようと思えばホモジーニアスに混ざります。でも粉末はホモジーニアスには混ざりません。ヘテロジーニアス（不均質）にしか混ざりません。それをどこまで均質に混ぜるのかが粉体工学の最初の関門なのです。

そういう研究を誰もやっていませんから、われわれがやっている仕事というのはたいへんすばらしい学問なのです。もし、これを論文にまとめることができれば、世界的な論文になります」

助手たちは「故郷に帰りたい」などと不満をもらしていましたが、そういう人をつかまえては、「これは世界的な研究や」と説き続けたのです。

これがその仕事、研究が存在する理由ですと、「レーゾンデートル」を説くということです。そうなると社員も、「これはたいへんな意義がある仕事に違いない」という気持ちになり、「一生懸命にやってみよう」となってくるわけです。

営業の社員に「おまえ、これを売ってこい。これをやってこい」と命じるだけではモチベーションになりません。それを売ることが、どういう社会的意義があるのか、わが社にとってどういうことを意味するのか、あなたの人生にとってはどういうことを意味するのかをいわなければならないのです。

あなたは会社の仕事を「３Ｋの最たるもの」といわれましたが、あなた自身がぜひ今の仕事の存在理由を構築し、大義名分をつくり上げて、それを社員に説いてください。

それができなければ、社長は務まらないということです。

【経営問答6】赤字脱却を果たしたとたん、不満が噴き出した社員をどうすればよいか

◉質問

わが社はプレス金型部品を販売している商社です。自動車や家電製品や携帯電話などをつくるときには、必ず金型が必要となりますが、その金型をつくるための構成部品を、自動車メーカーや家電メーカー、またその下請け工場に納品しています。年商は一八億円、社員は三七名です。

昭和四〇年代に私の父が当社を創業し、その後、高度経済成長のもとで順調に売上を伸ばしてきました。私が三五歳のとき、父の急逝により私が経営を引き継ぐことになりましたが、その後も業界は活況で、売上、利益ともに順調に伸びてきました。全国展開を目指すため、静岡と浜松に営業所を新設し、自分ながら「オレは仕事ができる人間だ」と天狗になっていました。

ところが、自動車業界が設備投資額の削減や部品の共通化を本格的に行うようにな

り、メーカーからの金型の発注数量が極端に減り始めました。そのため金型業界は、それまでに経験したことのない不況を迎えることになりました。

新設した静岡、浜松の両営業所は売上も上がらず、経費ばかりがかさんでしまう赤字営業所となっていきました。また、既存の広島営業所でも、任せていた所長がほとんど営業に回っていなかったため、景気が悪くなったことに輪をかけて、みるみるうちに売上が下がっていきました。

売上減少の打開策もなく、三年前の最終損益は三七〇〇万円の赤字、昨年も六三〇〇万円の赤字となってしまいました。創業以来初の二期連続の赤字でした。私はそのとき初めて、何年もの間、社員が一生懸命に働き、がんばってくれていたにもかかわらず、自分はJC（青年会議所）などの活動にうつつを抜かし、会社に何も貢献してこなかったことに気づきました。静岡と浜松の両営業所にもあまり顔を出さず、所長に対して具体的な指導もしていませんでした。広島営業所の問題にも気づかず、任せ切りにしていました。これでは経営者として失格です。

ようやくそのことに気づいた私は、会社の立て直しを図るために、会社に積極的にかかわり、社員を指導し、同時に社員との交流も深めるようにしていきました。営業所の統廃合、人事制度改革、物流の改革、人事の配置転換などを行いました。やればやるほど、いかに自分が手を抜いていたか、また、不満もいわずにどれだけ社員ががんばってくれていたかがよくわかりました。私はこれまでのことを社員に謝罪し、ゼロからの出発をしたいということを熱く語りました。

二期連続の赤字のために資金調達がうまくいかなくなり、苦しい状態になりましたが、自分のまいた種であることを反省として、社員への給料、ボーナスには一切手をつけませんでした。社員たちは会社存続への危機感を持ってくれたと同時に、私が正直に自分の過ちを認め、謙虚に反省したことに理解を示してくれ、毎日夜遅くまでがんばってくれるようになりました。

その結果、この不況の中、今期は売上が一五％伸びました。また、営業所の統廃合などによる経費の節減で二〇〇〇万円ほどの営業利益も上げることができました。一％という営業利益ですから、安定した経営にはほど遠い状態ですが、この短期間でよくここまで回復したと思い、社員に心から感謝しています。

しかし、企業経営はほんとうに難しいものです。黒字会社にするという目標を達成したことによる安堵感からか、社員の意識に微妙な変化が起こり、社内のあちこちで不満が出てくるようになってきました。営業所を統廃合したために、営業からは「一人当たりの担当件数が増えて忙しすぎる」、営業をサポートする社員からは「事務処理に追われて帰宅時間が遅くなり、自由な時間が取れない」といったような声が出ています。新しい人事制度の導入で役職が外れ、やる気が薄れてしまった幹部もいます。そういった問題で社員に少しずつ不満が出てくると同時に、社員同士の人間関係にも歪みが出てきました。

この現状を何とか解決したいのですが、今、やっと利益が出始めたところです。安易に人を増やし、一人当たりの負荷を軽くすることはできません。かといって、現状の人員のままでいけば、社員たちに重い負担がかかります。また、がんばってくれているからといって、給料を今以上に払うわけにはいきません。社員もある程度のことは理解してくれていますが、何らかの形で現状の問題を解決しなければ、社員の高い意識を維持することはできないと思います。

今、私がやっているのは、社員一人ひとりと話をして、現状の不満や問題点を聞き出し、それを少しでも解決することくらいです。社員にさらなる大きな目標を示して掲げる前に、まずは足元を固め、会社を利益が出る体質へと改善することが重要だと思っています。

このような状況の中で、社員が継続して高い意識を持って働いてくれるにはどうすればいいのか、私にはわかりません。この点について、ぜひご指導いただきたいと思います。

◉回答

夢を語り、もっと大きな目標を示し、率先垂範せよ

黒字化はスタート地点に帰っただけ

お父さんがつくった会社に入り、お父さんがつくった流れの中で仕事をし、業績が順調に伸びていった。日本の高度成長の波に乗り、日本の産業界の発展に伴って需要が増えてきたために、会社も成長していったわけです。あなたは、それがあたかも自分の力であるかのように錯覚したのですが、経営環境が変わり業績が悪化したことで、ようやく自分に力がないことに気づかれて反省された。社員に対しても素直に反省されたことで、社員も協力し、がんばってくれた。また、あなた自身が現場に入っていろんな改革に手をつけられて、ようやく一％の利益が出た。

経営者として失格だったことにようやく気がついて、社員にも「申しわけなかった。今からは真面目に一生懸命にやるから」と宣言し、いろんな改革に手を着けて回復し、

ゼロ地点に帰ったわけですが、それはスタート地点に立っただけなのです。経営者としてマイナスだったあなたがゼロになっただけで、プラスになったわけではないのです。

スタート地点に立って、何をしなければならないのか。反省はされましたが、あなたは今から会社をどうするのかというハッキリとした夢と目標を、まだ社員に対して語っておられません。

今までは赤字だから「たいへんだ。会社が潰れる。何とか黒字にしなければならない」といっていただけなのです。ですから、黒字になったらみんなが「黒字になったやないか」と白けてくるのは当たり前です。赤字だからがんばって黒字にしようというのは最低限のことであって、赤字を黒字にすることが経営の目的ではありません。

今まではお父さんがつくった会社の路線に乗っかっただけで、目標を新たに掲げなくても売上が一八億円にまでなり、うまくいったように見えた。しかし、本来はもっと早くに、わが社はこういう意義と目的を持っているのだということを、あなた自身が勉強をして明確にしておくべきでした。金型は何を加工するにしても必要で、製造業のキーとなるものです。その金型を供給しているという、重要な社会的責任があります。

「今後は金型部品を供給する販売会社として、わが社をこういう会社にしていきたい。お客様にはこういうものを供給し、こういうサービスをしてあげたい。それと同時に、日本の金型業界は一兆円を超える市場規模がある。その中で、当社は少なくとも何%の市場シェアを得たい。当社は売上一〇〇億円ぐらいまではいけるはずです」ということを社員に宣言することが必要です。

会社は従業員の幸せの基盤

なぜそういうことをするのでしょうか。以前にも話したことがありますが、二七歳で私が会社をつくったときには、「稲盛和夫の技術を世に問う」ということが目的でした。ところが、新しい社員が入ってきて、その社員たちが「私たちの将来の生活はどうなるのですか」と私に詰め寄ってきました。「この会社は私の技術を世に問うためにつくった会社だと思っていたのに、見ず知らずの社員を雇ったばかりに、その社員の生活を私が守らなければならなくなった。そんなバカな。そんなことなら、事業を始めるのではなかった」とまで思いました。

しかし、もう始めてしまっているのですから、仕方ありません。私はそのときから、この京セラという会社は、従業員の物心両面の幸福を実現するためにあるのだと理解して、それを今日まで変えることなくやってきています。

「京セラという会社は、京セラという会社の中に住む全従業員、私も含めて、全従業員の物心両面の幸福を追求するために存在します。だから、京セラという会社は高収益を上げ、どんな不況が来ようともビクともしない会社にしていかなければなりません。そうでなければ、従業員の物心両面の幸福を守っていくことはできません。そのために私は先頭を切って、必死に働きます。みなさんも自分の生活を守り、自分の幸福を実現しようと思うなら、私についてきてください。それがいやだというなら、辞めてください。従業員みんなの幸福のために、私といっしょに苦労してくれる人でなければ困ります」

私はそういってきたのですが、あなたの場合も同じだと思います。

「私はこの会社を、社員のみなさんが幸せになっていくための基盤にしようと思います。今、黒字が少し出た程度では、確固たる基盤ができたとはいえません。もっとこの会社を強固なものにしていくために、売上と収益をさらに上げ、社員のみなさんが安心して運命を託せるような会社にしなければなりません。だから、私は先頭を切ってがんばります」

このように、まず夢と目標を語り、私についてきてほしいと熱意を持って、必死に社員に訴えていく。そうすることによって社員の考え方が変わっていくのです。

社員への迎合はダメ

黒字が出たから給料を上げてあげる。社員がブツブツいっていることに迎合して、何かをしてあげる。そうすることが、経営者の役割ではありません。また、そうしたところで、社員の考え方が変わり、意識が高まるわけではありません。

「それはできません。その程度のことで満足していては、いつ何どき、この会社はまた赤字に転落して潰れるかもしれません。私はこの会社をこうしたいのです」

あなたが夢と目標をつくり、社員にそれを訴えなくてはならないのです。

そこからが始まりです。今はゼロです。マイナスのあなたがゼロに帰った、スタート台に立っただけのことです。今からあなたは前に進まなくてはなりません。そのためにはあなた自身が率先垂範し、「私が先頭を切って仕事をしますから」といわなくてはならないのです。

あなたは素直に反省することができる方なので、これらのことを実践されれば、いくらでも伸びていかれると思います。ぜひがんばってください。

【経営問答7】

経営理念についてこない社員のベクトルをそろえるには

◉質問

わが社は青果問屋が複数合併してできた青果の卸売をしている会社です。現在の売上はおよそ二〇〇億円、利益に当たる手数料収入が約二〇億円、経常利益約三億円、従業員は約一〇〇名です。各社とも大赤字を抱えての合併であったために、経営難に遭遇しましたが、父が社長に就任してからは、懸命な努力により危機を乗り越え、会社は順調に発展してきました。

私は大学を卒業し、東京・築地の青果市場で二年間働いた後、当社に入社、現場で営業を担当することになりました。父は地元の商工会議所会頭を務めていたために多忙であり、その留守中は父の右腕ともいうべき専務に経営を任せていました。私はその傍らで仕事を教えてもらいました。

私の入社から約一〇年後、その専務が亡くなり、私が専務に就任しました。しかしそのとき、辞めていく者が出たり、社員の不正が次々と表に出たり、かなり社内がガタガタしました。幹部クラスが私よりも年上だったために、私に物足りなさを感じていたこと、経営管理が不十分だったこと、私自身に説得力がなかったこと、私自身の一生懸命さが不足していたことなどがその原因であると反省しました。自分が社員の誰よりも一生懸命に働くしかない、自分さえしっかり働いていればきっとわかってくれると思い、以後は朝早くから現場に出て、第一線の社員といっしょに働くようにしました。また、父が健在だったこともあり、半年くらいで社内は落ち着きを取り戻しました。

その後、父も亡くなり、私が社長になりましたが、再び社内が動揺するようなことはありませんでした。私は経営能力を身につけ、父のように社員から慕われる人望ある経営者になりたいと思い、盛和塾に入塾しました。そこで勉強した結果、私は次の事柄を実践することにしました。

一、経営理念を掲げる

以前からあった経営理念が絵に描いた餅となっていたために、全従業員の目の前で

「わが社の目的は、全従業員の物心両面の幸福を追求することだ」と宣言しました。

二、コンパによる社員とのコミュニケーション

ボーナス支給時や毎月の部長会、社内のレクリエーションのとき、あるいは現場の社員を焼鳥屋に誘うなど、いろんな機会に盛和塾での話を出し、「われわれも、この地域でナンバーワンの会社になろう。一〇億円の利益を目標にしてがんばろう」と語っています。

三、中堅社員に経営者感覚を持たせる

部長以上が全員私より年上であるため、次世代の幹部を育てる意味から、三〇代後半の見どころのある社員を八名集め、ジュニアボードというものをつくりました。このメンバーは「心を高める」をテーマにして話し合い、会社のビジョンづくりや目標づくりをし、それを社内に浸透させます。

このようなことを一年間やり、少しは私の考えをみんながわかってくれたのではないかと思い、社員の意識調査を実施しました。ところが結果は、「社長は宗教的になってきた。社長は教祖ではなく社長でいてほしい」「社長は物心両面の幸福を目指す

というが、われわれはどんどん不幸になっていく」というものでした。入社一〇年ぐらいの社員が、特に不満に思っているようです。

不満の背景として、われわれ卸売市場にも、海外からの生鮮・冷凍野菜の輸入が増加し、流通チャネルが多様化したために、競争が激化していることがあげられます。そのために社員は、朝の四時半から夕方の七時、八時まで働いています。休日も取りにくく、休日であっても昼からの出社という厳しい労働環境の中で、一人ひとりの負担が増えています。このことから、「社長は『売上最大、経費最小』『誰にも負けない努力をする』というけれども、われわれの労働時間、労働環境は以前より厳しくなっている。これで物心両面の幸福といえるのか」という不満につながっているようです。

「仕事を通じて生きがいや働きがいを求めていけば、それは会社に利益をもたらすことと同時に、社員の経済的な安定と心の豊かさをもたらすことになる。だからがんばろう」と説明しても、なかなか理解してもらえません。私のいう労働条件の向上が、単なるお題目になっていることへの不満があるほか、生産性向上こそ利益の源泉であるということに対する、私の説得力が不足しているせいなのかもしれません。

私としては、仕事の効果的なやり方を模索し、勤務時間の改善を優先したほうがよいのではないかとも思っています。しかし、環境が厳しくなる中で会社を伸ばしていくためには、社員のベクトルをそろえ、一丸となって邁進していくことが絶対に必要です。「みんながお互いのために」という考え方のもと、一人ひとりが力を発揮できるようになれば最高だと思っています。それにはどうすればよいか、ご指導をお願いします。

●回答

きれい事に終わらせず、社員の幸福を増すように労働環境を改善せよ

誰にも負けない努力は、経営のプロに求めるもの

今のお話を聞いて、あなたの会社ではすでに全社員のベクトルがそろって、みなさんがよくがんばっておられるのではないかと思いました。ただ、一つ気がついたことがあります。

私はみなさんによく、「誰にも負けない努力をする」といっています。それは社員に対してではなくて、あくまで経営者のみなさんにいっているのです。または役員や部長、いわゆる企業の中でプロといわれるような人に対してのものです。一番のプロは経営者ですから、経営者のみなさんに対して誰にも負けない努力をしてくださいといっているわけです。それが、あなたのお話では社員全員に「誰にも負けない努力をする」といってしまっています。

一般の社員たちは、労働基準法で定められた一日八時間という所定の労働時間内で働きますが、われわれ経営者はプロですから、時間にとらわれず無制限一本勝負でがんばらなければなりません。そのわれわれと同じように社員の人たちに働けというのは、やはり酷です。ところが、お話をお聞きしますと、社員のみなさんは朝は四時半から夜は七時、八時まで働いてくれている。その努力には、ほんとうに頭が下がりますが、そこまで働かせてはいけないと思います。

八時間しか働けないとまではいかなくても、われわれ中小企業が許してもらえる範囲を考えれば、通常であれば一日二、三時間の残業をしてもらって一〇時間、一一時間ぐらいでしょう。突然注文が大量にきて、どうにもならないので、職場の二〇人が一週間、一日一二、一三時間働くということはあるでしょう。もちろん、それは割増の残業代を払ったうえでのことです。

朝の四時半から夜の七時、八時までずっと働くのだとすれば、社員のがんばりは続きません。また、従業員の物心両面の幸福というものに合わないのではないかといわれるのも無理はないと思います。

誰にも負けない努力をするのは、われわれ経営者に要求される課題であって、社員には労働基準法というものがありますから、それに準じたものにしなければいけません。「社長があれだけがんばっているのだから、一、二時間くらい残業をして手伝ってあげよう」という気持ちが社員から自然に出てくるように、つまり、社員から自発的に「してあげよう」というような雰囲気をつくっていくことが、ベクトルをそろえるということだと思います。

生産性向上で物心両面の幸福の実現を目指す

あなたは会社をよくぞここまでまとめられたと思います。青果の卸売の会社で、私がいつもいっている、税引前で一割程度の利益率を出しておられるのは、稀有なことだと思います。年若くして、自分よりも年上の部長たちを動かして、盛和塾で学んだことをそのまま実践し、立派な実績を上げておられる。私はすばらしいと思います。

そこまで業績が上がったのだから、今度は一生懸命にがんばった社員によくしてあげてください。業績の向上が少しも従業員の物心両面の幸福につながらず、かえって労働がきつくなったといわれたのではいけません。

輸入品の青果物を扱うので、どうしても朝の四時半から夕方まで働かなければならないのだとすれば、二交替にすべきです。毎日、それだけの長時間勤務はできません。時間を短縮して、八時間労働に一、二時間ほどがんばってもらうような程度にして、そのかわりに生産性を高めていく。今まで三人でやっていた仕事を二人でする程度の生産性の向上はできると思います。今までのように朝四時半から八時までやっていたのでは、帰ってから家族と話す時間もありません。われわれ経営者はそれでもかまいませんけれども、一〇〇人近くいる社員みんなが朝四時半から晩八時まで働くというのでは長続きしません。意識調査をされて気がつかれたことは、非常にいいことだと思います。

あなた自身も、「仕事の効果的なやり方を模索し、勤務時間の改善を優先したほうがよいのではないかとも思います」といっておられますが、その通りです。人間は、若いときには無理もききますが、年をとってくると体力も衰えてきます。社員の中には、無理を重ねることができない人もいるでしょう。「仕事の効果的なやり方を模索し、時間を短縮し、社員のみなさんがゆっくり家族と過ごす時間をつくろう。そのかわり、生産性を五割増しにしよう」と、生産性を落とさず、労働環境を普通の会社並みに変えていくことが、課題だと思います。盛和塾で勉強されたことを会社で実践し、理念を浸透させて、社員の方が一生懸命に働く環境をつくってこられたのは、立派なことだと思います。ですから、物心両面の幸福の真の実現に向けて、すぐに改善されるべきだろうと思います。

【経営問答8】営業力の強化には一糸乱れぬ戦闘集団を育てるべきか、個性を重んじるべきか

◉質問

私は高校卒業後、中堅ゼネコンに入社しました。在籍中は、新空港建設工事や火力発電所建設工事など、多くの巨大プロジェクトに参加する機会があり、充実した八年間を過ごしました。

しかし、技術部へ配属となった私は、現場を知らない研究畑の課長とまったく意見が合わず、結局会社を辞めてしまいました。そして、前の会社で学んだ設計技術を生かし、公共土木工事の設計を行う設計事務所を創業しました。

公共土木工事の設計は特殊なこともあって、一人で行えばたいへん儲かる仕事です。夫婦二人とパートの女性だけで、初年度二四〇〇万円の売上となり、経費を引いた残り一九〇〇万円が私たちの収入という状態でした。

しかし、バブル崩壊後になると、国は公共工事を削減し始め、多くの同業者が倒産

していきました。そんな逆境の中でも、会社は何とか生き残ることができました。現在の業務内容は、公共土木建設設計を中心に、港湾、ダム、浄水場、下水処理場の設計などです。また、多角化のため、設計技術を応用した三次元のＣＧ（コンピュータグラフィック）による映像コンテンツの制作に取り組んでいます。

現在、会社の規模はグループ合計で人員一六名、売上は単体で八〇〇〇万円、関連会社を合わせると一億二〇〇〇万円です。

私は今まで、設計事務所は人が少ないほうが儲かるとの考えから、家業のままでよいと思ってきました。しかし、盛和塾に入って塾生企業の成長ぶりを見たり、お話を聞いたりするうちに、自分が根本的に間違っていたことに気づきました。

さらに、三年前から新卒の優秀な学生が採用できるようになり、彼らと夢や将来について話せば話すほど、会社を立派にしなければならないと思うようになりました。そこで、七年後の売上二〇億円、経常利益四億円を目標とし、誰にも負けない努力をしようと、社員たちと誓い合いました。

現在一億円の売上しかない会社が七年後に二〇億円とは、一見無謀のように思えますが、実はそうでもないことに気がついたのです。

それは、盛和塾で過去一〇年間に大きく成長した企業のうち、売上一〇億円以上、五〇億円未満の非製造業を見ていると、面白い共通点があることがわかったからです。

その共通点とは、
① いずれも営業力を主体とする企業である
② 起業当時、社長には技術、コネ、資金などはなかった
というものです。

特に驚かされるのは二点目です。技術や資金が決して十分ではない中での起業にもかかわらず、みなさん飛躍的な成長を遂げておられます。つまり、すばらしく成長発展を遂げる企業の社長にあるのは、情熱だけだったという事実です。

私も含めて多くの零細企業は、技術や技能、親から継いだ資産などがあるのですが、逆にそれらが自らの成長を阻害している要因になっているのではないかと気づきました。先の企業の社長たちは、情熱という営業力だけで、急成長されているのです。

これらのことから、零細企業を中小企業へ発展させるためには、徹底的な営業力強

化しかないと確信しました。幸い、多角化のために取り組んできた三次元CGによる映像コンテンツ制作事業がたいへん好評で、大手鉄鋼会社や建設会社等のホームページに採用されつつあります。

新技術・新工法などの建設技術のプレゼンテーションは今後ますます普及し、インターネット上でのストリーミング配信やCD‐Rを用いた営業に使われると予測されます。私たちは、そのようなマーケットの開拓者でありたいと考えています。

そのために、「よい技術さえあればいい」という技術者のプライドを捨て、社長自らが一営業員として売り歩くことを決意しました。社員も、「不況になってからではなく、前もって営業力の強化をすればいいのですね」といった意見が出るほど前向きです。

ところが、そのもっとも肝心な営業を、誰も実際にやったことがないのです。設計事務所は一度気に入られると黙っていても注文が来るため、今まで営業部というものが必要ありませんでした。

現在、徒手空拳、「喧嘩殺法」で営業展開していますが、努力空しく打ち果てて帰ってくる社員を見るにつけ、本質的に営業とは何かがわかっていないことに苦悩しています。

そこで第一の質問です。営業部は一糸乱れず戦う戦闘集団、つまり軍団タイプがいいのか、それとも個性を尊重し伸び伸びとしたタイプがいいのか。営業は個人の資質に大きく依存しており、営業独自の哲学のようなものが必要だと感じています。塾長の営業観、哲学を教えていただければ幸いです。

私自身は零細企業が中小企業へ脱皮するためには、技術力に頼るべきではなく、全員参加による営業、しかも、ある程度、軍団のように統制のとれた営業部が必要だと感じています。フィロソフィをベースとした強力な営業部さえ構築できれば、売上二〇億円や三〇億円は誰でも達成できると思っています。

次に、第二の質問は、人格と営業成績の関連についてです。

営業成績が平均値より飛びぬけた社員がいます。中途入社の社員なのですが、営業経験があり、なかなかの策士ということで高い成績を上げてくれます。しかし、必ずしも人間性がよいわけでなく、フィロソフィが浸透した社内との協調が図れません。

とことん話し合って、われわれの考え方に賛同できないのであれば、辞めていくのはかまわないのですが、大きな疑問は、フィロソフィで高めた人格と営業成績との間に相関があるのかどうかということです。人徳や人柄といった人間性と、営業成績との関係は最初から関連性がないものとしてとらえるべきなのでしょうか。

私は、自分たちが築き上げた当社の特徴、技術力、その応用を、具体的な例で真面目に誠実に訴え続けるといった地道なキャラクターが、営業社員本人や当社の信頼を築くと思いたいのです。そうであるならば、営業社員のキャラクターとフィロソフィの一体化こそが肝心だと思えますが、いかがでしょうか。よろしくご教授ください。

◉回答

営業の才ある人にフィロソフィを学ばせ、堅実な社員を教育させよ

情熱だけでは発展しない

土木関係の設計技術を生かして、公共土木事業の設計をしておられる。公共土木の設計は特殊なこともあって、なるべく社員を使わずに一人でやったほうが儲かると思ってきたけれども、今まで「家業のままでいい」と自分にいい聞かせてきたことが根本的な間違いであったことに気づいた、とおっしゃいました。優秀な社員も入ってきたので、七年後には二〇億円の売上にしたいと思っておられる。一見無謀なことをいっているようだが、盛和塾の先輩企業を見ていると、「すばらしい成長発展を遂げた企業の社長にあるのは情熱だけだったという事実」に気がついたということです。

実はそれが大きな間違いです。盛和塾で発展された塾生企業は、単なる情熱だけで成長されたのではなかったのです。もちろんすばらしい情熱を持っていらっしゃるこ

とは間違いありませんが、情熱のほかにも、人一倍創意工夫を重ね、誰にも負けない努力をしてこられたわけです。他人が気づかないことに気づいて新しい方法を考え出し、新しい技術や新しい販売方法を編み出してこられたのです。

技術や資産に安住するな

「私も含めて多くの零細企業は、技術や技能、親から継いだ資産などがあるのですが、逆にそれらが自らの成長を阻害している要因になっているのではないか」といわれましたが、技術や技能、または親からもらった資産が成長の阻害要因になっているのではありません。それはすばらしい武器になるはずです。なぜそれが阻害要因に見えるのかといえば、そのことに安住しているからです。技術があるといううぬぼれや、親からもらった資産があるからとそれに安住してしまっている。言葉を換えれば、怠け根性です。

これだけの技術があり、これだけの資産があれば、家業のままにしておこう。多くの社員を集めなくても儲かるのであれば、このままで自分一人の儲けにしておいたほうが楽だと考える。楽をして儲けようという考え方が、すでに現状に安住している証拠です。

技術や資産が成長発展の阻害要因になったのではなくて、そういういい加減な根性が成長発展の阻害要因になっているわけです。持っている技術や技能は発展要因であり、親からもらった資産も発展要因なのです。しかし、それに安住し、それに甘えて怠け根性を出していることが、発展の阻害要因になっているのです。

「とにかく売り歩け」ではダメ

「技術なんかいらない、とにかく売り歩け」というやり方で営業ができるのではないかとお考えのようですが、とんでもないことです。一生懸命に売りに行くのなら、公共土木事業の設計会社として、同業者よりもウチにはこういう特長、こういう技術がありますということを営業の社員に教え、「それを武器にして売り込みなさい」といわなければなりません。または、当社は他社にはできないこういうサービスができますというツール、武器を持たせなければ、営業なんてできるわけがないのです。

一生懸命、営業に歩いても、空しく打ち果てて帰ってくる社員の姿を見てかわいそうだと思っておられる。「徒手空拳、喧嘩殺法で営業展開をしています」といわれましたが、私は喧嘩殺法で営業をしなさいとはいっていません。京セラのすばらしい技術、すばらしい製品についてお客様に説明して注文を取ってきたのであって、単に「注文をくれ」といって振り向いてくれる人なんか一人もいません。新しい武器、強い武器を持たせなければ注文は取れないのです。

断られたときが営業の始まりだ

しかし、同業者よりも強い武器、特長を持たせて営業をしても、それだけではお客様は注文をくれません。「たった一〇人の会社なのに、こんなに大きな公共土木事業の設計をさせてくださいなんて、よくいえるな。ウチは何百人もの設計技術者がいる大手ゼネコンを使っているんだ。そんな零細企業にナニができる」となってしまいます。

四、五人の社員を食べさせていくような、年間一億円くらいの細かい注文なら出してくれたかもしれませんが、年間二〇億円もの注文をもらおうと思えば、優れた技術力、信用力がなければなりません。ちっぽけな頼りない会社に、誰が大きな注文を出しますか。それだけの設計をしてもらうには、それ相応の立派な設計会社に頼むといわれるに決まっています。

「零細で小さな企業です。社員も少なく、社長も立派な学歴を持っているわけではありません。しかし、わが社にはこういう特長があり、こういう技術があり、こういうサービスができます。アフターサービスも身を粉にしてやらせていただきます。大手の設計会社をお使いになっているかもしれませんが、当社にも、少しでもいいから設計をやらせていただけませんか」といって歩く。そういって歩いても、次々に断られます。だから私はフィロソフィの中でも、「もうダメだというときが仕事の始まり」といっているわけです。

営業に回った社員が断られて、泣きべそをかいて帰ってくる。

「ナニ泣きべそをかいている。断られて当たり前やないか。わずか十何人しかいない、年間一億円の設計しかしていない会社が、大手の設計会社を向こうにまわして注文をくださいといっても、くれるわけがないやないか。オレが発注する側でも、不安で信用ができないから注文は出さない。しかし、この熱心さ、この技術力、これだけ一生懸命にやってくれるなら、ひとつ注文を出してみようかと相手が思うような誠意と熱意しかないんだ。断られて当たり前で、そこから仕事が始まるんだ。毎日通ってみろ」と、そのように話すことが大事なのです。

有能な営業担当は特殊な才能の持ち主

一糸乱れず戦う戦闘集団、つまり軍団のような営業部がよいのか、個性を尊重し、伸び伸びとした営業部がよいのかということもおっしゃっていますが、これは二番目の質問にも関係します。

「現在、営業成績が平均値よりも飛び抜けた社員は、なかなかの策士ですが、必ずしも人間性がよいわけではありません。現在のフィロソフィが浸透した社内と協調が図られていません」

おっしゃる通りです。営業というのは単にフィロソフィを学び、一糸乱れぬ戦闘集団であればよいというものではありません。営業は特にそうですが、特殊な個性がいります。注文を取れる人は特殊な才能を持っています。話術も違うし、話のネタも違うし、熱心さも違う、そういったそれぞれの個性によって注文が取れるわけです。

「策士」にこそフィロソフィを叩き込め

策士的なところがある人だといわれましたけれども、しょっちゅう策を練っているような人だから、フィロソフィを一生懸命に勉強している真面目な人たちとは合わない。真面目な人はあまり注文が取れなくて、どちらかというとフィロソフィを少しバカにして、あまり勉強しないような人が注文を取ってくる。どうも人間性が高まれば営業ができ、能力が高まっていくというわけではなさそうだとおっしゃいました。その通りなんです。

ですから、策士的な能力のある人、まさにそういう人にフィロソフィを徹底して教えなければならないのです。いい加減で、ときには人をだましてでも注文を取ってくるぐらいの策士。しかし、それでは一時的には成功しても、長続きはしません。それはフィロソフィが欠落しているからです。

「ウチは誠実な会社なんだから、そこまでいったのではウソになるからダメだ。しかし、おまえの能力はすばらしい。その能力をさらに立派にしていこうと思えば、フィロソフィが必要なんだ」と、とことん教えなければならない。そういう人がフィロソフィを身につけたときは鬼に金棒です。

有能な営業担当から学べ

そういう特殊な才能を持っていない人たちは、概して実直な人たちです。その人たちがしっかりとフィロソフィを身につけてくれれば、そのときには一糸乱れぬ軍団としての営業ができ上がっていきます。

その一方で、営業の才能のある人間が持っているやり方を、一糸乱れぬ堅実な人たちに教えていくわけです。

「彼が会社で一番売っているではないか。彼のやり方を学ぼう」といって、才能を持っている人に講義をさせる。「私はこうして注文を取るのだ」ということを、その人に講義してもらえばよいのです。

「ただ実直で一糸乱れぬ軍団であるばかりでは注文は取れない。彼のようにユーモアをきかせて、お客様を魅了して注文を取る。お客様に好かれなければ営業にはならない。そういうものを学ぼうじゃないか」と働きかけていくわけです。

実直な人たちには、特徴のある優秀な能力を持った営業担当者のやり方を学ばせ、身につけさせていく。一方、能力のある人間にはフィロソフィを教える。その両方が必要なのだと思います。

第三章

幹部を育てる

共同経営者をつくる

会社の成長と経営幹部

会社が小さいうちは、経営者がすべてを見ることができますが、会社が成長し、大きくなるにつれ、全体を一人で見ることは難しくなってきます。そうなると、経営者にとって、自分の考え方を理解し、自分の分身のように経営責任を担ってくれる経営幹部の存在が不可欠となります。

どの会社でも、優れた人材が、はじめから多くいるわけではありません。会社を伸ばしていこうとするなら、経営幹部を育成していくしかないのです。

場を与えて鍛える

私の場合、自分と同じような意識を持った人材を育てたいと思い、アメーバ経営とよばれる経営手法を考え出しました。アメーバ経営では、会社をアメーバとよばれる小集団に分けて、独立採算制度により運営します。その小集団のリーダーには、たとえ十分な経験はなくとも、まじめで将来性のある人材を選び、リーダーとして任命し、部下を何名かつけます。そのうえで、「あなたは今日からこのアメーバのリーダーです。あなたがアメーバの社長として、注文取り、製造、採算、人事などすべてを行い、この組織を守り、発展させてください」と話すのです。

リーダーとして抜擢され、その部門を任せられれば、従業員として、「してもらう」立場から、リーダーとして「してあげる」立場となります。たとえ小さな組織でも、リーダーは自部門を守らなければならないので、自ら事業計画を立て、その達成に向けて必死に努力するようになります。また目標に向かって、部下がやる気を出すよう励ましたり、指導したりする中で、リーダーとしての能力も磨かれ、たくましく成長していくのです。

その際、重要なことは、ただリーダーに権限を委譲して、任せっぱなしにしないことです。厳しく指導しながらも、深い愛情を持って部下に接し、リーダーとしての成長を見守るのです。そうする中で、トップとの間に本物の連帯感、同志としての意識が生まれてくるのです。

このように部門を任せて鍛えると同時に、私は仕事の意義を説き、リーダーとしての役割や使命をよく理解してもらうように努めました。普段からリーダーにふさわしい人間性を持てるように指導しながら、活躍の場を与えることで、私は経営者意識を持つ幹部を育ててきたのです。そのことが、リーダーの人間的な成長を促し、結果として、会社の実績を向上させることになるのです。

経営幹部となる人材を育成できるかどうか、これが会社を大きく伸ばせるかどうかの分水嶺となるのです。

【経営問答9】

会社が拡大するとき、古参社員の処遇をどうするか

◉質問

当社は洋風の酒場（スナック）を業としてきましたが、その後、業態を変更し、現在では回転寿司を中心に事業を展開しています。年商は約一億二〇〇〇万円です。

私は稲盛塾長の『心を高める、経営を伸ばす』を読み、さらに経営講話のカセットを聴いて大きな感銘を受けました。毎日そのテープを聴くうちに、自分はどのような山に登りたいのか、つまり、どういう会社を目指そうとしているのかを考え始めるようになり、まず売上一〇〇億円の企業になろうという目標を立てました。また、外食専門のコンサルティングを受ける中で、一〇〇億円企業の経営者にお会いする機会があり、この目標は自分にとって到達できないものでもないと思うようになりました。社員にもその旨を説明し、理解を得ようと努力してきました。

しかし、その目標を社員にいい始めたころから、創業時からともに働いてきた古参

社員との間に溝ができ始めました。その原因の一つには、私自身が高い目標を明確にして、厳しくなったことがあるかもしれません。以前より、その古参社員の能力、考え方に不安を持っていましたが、最近特に不安を感じるようになっています。

具体的な不安の一つは、古参社員にリーダーシップがないことです。仕事は非常に熱心ですが、部下のため、あるいはお客様のために率先して働く姿勢が見られません。与えられた仕事は前向きにこなすのですが、頭を使って自ら仕事をつくり出したりするタイプではありません。以前から私は、一生懸命働くことと同時に、リーダーになるためには、もっと頭を使って仕事をすることが大事だといってきました。ですから指示するときも、その理由をきっちり説明してきたつもりです。

二つ目は、部下や他人の気持ちを理解できない、また理解しようとしないことです。それは優しさ、思いやりがないからではないかと思います。注意をすると、「そうだと思います」と認め、「理解できるようにがんばります」とはいうものの、まったく変化が見られません。彼を経営者として見ると、若干物足りなさを感じています。

私は、人間がもともと持っている能力は、極端に差があるものではないと思っており、仕事に取り組む「考え方」でかなり変わってくると思っています。私が社員をやる気にさせられない、彼の心に響く説得ができない、という器量不足があるかもしれません。彼に対して、激励の言葉をかけてきましたが、最近では語気も強まり、とうとう私の見えないところで、彼は愚痴をこぼすようになっています。

今度、出店する新店舗には私自身が行こうと思っていますが、既存店舗を、彼ともう一人の主任に任せてよいものかと悩んでいます。現実に部下から、社長が新店に行ってしまい、彼が店長となって運営していくことになったら不安だという声も出ています。

私は、創業時から一緒にやってきた彼に、経営の喜びを味わわせてあげたいという思いがあります。根っから悪い人間ではありませんが、経営者としての能力が足りないと思われる彼に経営を任せるには、どのようにすればよいか、アドバイスをいただきたいと思います。

◉回答

経営管理の仕組みをつくり、多店舗展開に備えよ

会社成長期の悩み

これは会社が大きくなっていくときに、必ず遭遇する問題です。

あなたは部下の能力に極端な差はないのだから、仕事への取り組み方次第でどうにでもなるとお考えです。ところが、能力にはやはり歴然とした差があるのです。そのことを認めたくないのは、あなたの優しさからくるのでしょう。

私の本や講話カセットに出会う前のあなたは、今後、自分がどんな人生を歩こうとするかを真剣に考えることもなく、スナックや回転寿司店を経営しておられた。そのときから一緒にやってきた社員の方というのは、考えて見れば、そのころのあなたの器に合った人なのです。

ところが、あなたは突然変わり始めた。「ただ回転寿司の店をやっているのではな

く、売上一〇〇億円規模の外食産業を目指して、自分の人生を歩いてみよう」とお考えになり、そのことを社員に話し、その目標に向けて仕事をし始めた。そうすると、創業時からいる部下が頼りなく見える。そこで、「俺もこうしているのだから、お前もこうせんか」と一生懸命説いておられるというのが現状です。

残念ですが、その方にあなたと同じように変われと要求することは、無理なことです。似たもの夫婦のことを「破《わ》れ鍋に綴《と》じ蓋」といいますが、スナックをやっておられたあなたには、それに合うような社員が来ていたわけです。つまり破れ鍋に合うような綴じ蓋がかぶさっていたのです。

ところが、その破れ鍋が突然発奮して、修復するだけにとどまらず、もう一度溶かして一回り大きい鋳型に入れ、一〇〇億という大きな鍋になろうとしているわけです。そのような大きな鍋に、破れ鍋のときの綴じ蓋が合うわけがありません。

あなたは、「俺と同じようにもう一回蓋もつくり直せ」と一生懸命説いておられるのですが、蓋のほうではそれをプラスに受け止めるどころか、厳しすぎるのではないかと不満に思っているわけです。

あなたにそういわれて、自分も一〇〇億の器に変わろうとするのならいいのですが、そうならないのがその人の器なのです。あなたの場合は、誰にいわれなくても、私の本を読んだりカセットを聴いたりして、自己変革をしようとしておられますが、その人の場合は、あなたから何度話をしても変わらない。つまり、そうなろうとするかどうか、その思いが人の器を決めるのです。

経営を管理する仕組みをつくる

ではどうすればよいか。あなたが新店に行き、その古参社員と主任に既存の店舗を任せるのが不安であれば、採算が合うようにあなたが経営されている既存店舗の経営を管理する仕組みをつくるべきです。

まずは、回転寿司店の管理項目を全部洗い出し、文書化することです。採算面であれば、いわゆる損益計算書の管理項目を全部書き出します。売上がこのくらいなら、ネタになる魚の仕入れ代はここまで、人件費はこれだけ、光熱費はこれだけ、その範囲でやれば利益はこれだけ出るというように、採算を出すにはどうすればいいかを管理する仕組みをつくるのです。

さらに、その通りに経営できているかをチェックする体制をつくります。たとえば一〇日ごとに締めて、一〇日分の売上がいくら、仕入れ代がいくら、材料がいくら、人件費がいくら、そして利益がいくらかというのをチェックします。さらに帳簿の数字と現金などが合っていることを確認する必要があります。これらの仕組みをつくり、それをもとに一カ月なら一カ月間、あなたがつきっきりで指導するのです。

つまり、経営を管理していく仕組みをつくって、あなたほどの能力がなくても、部下がそれに従って経営できる体制を整えるのです。このように経営の実態をチェックする仕組みさえあれば、大きな間違いも起こらないはずです。そうしたうえで、あなたは新店の経営に取り組めばいいのです。

副官は人間性を見て選ぶ

あなたの質問についてはそれでいいのですが、あなたが一〇〇億の外食産業を目指し、器が大きくなってくると、問題はそれに留まりません。あなたの目標に合うような副官がほしくなってきます。問題はそこなのです。

会社はトップの器、器量の分しか大きくなりません。トップの器が小さいのに、会社だけが勝手に大きくなることは絶対にありません。

あなた自身の器が大きくなると、頭もよくて才能もある、切れる人がほしくなってきます。一〇〇億円の目標を達成するために、優秀な人を採用したいと思い、それには大学を卒業した人がいいのだろうと、そういう人を雇う。雇ってみると確かにいいような気がする。しかし、そういう人にかぎって、だいたい一年ももたずに辞めていきます。

今までの社員は学もなかった、能力もなかったけれども、真面目で経営者のいうことをよく聞いてくれたので、会社の雰囲気はよかった。ところが、大卒の新入りが不平不満を鳴らして、会社の雰囲気まで壊して辞めていく。頭は確かにいいかもしれないが、人間性がよくない社員は困る。やはり実直な人がいいと、採用すると、「あっち向け」といえばあっちを向いているだけで、気が利かない。私自身も、その繰り返しでした。

しかし、あなたが一〇〇億円規模の外食産業を目指していかれるならば、どうしても優秀な人材が必要になってきます。なぜそういう人材は長く居着かないのか。それはあなたがその人を「採用した」のではなく、その人に「入ってもらう」からなのです。その人からすれば「来てあげた」という意識なのです。そこからもう立場が逆転しているわけです。そういう逆転した状態で、あなたがその人を叱ったとしたら、すぐにふくれっ面をして辞めるに決まっています。

今後、一〇〇億円の会社にまで伸ばしていくときのあなたの副官は、あなたを信頼し、尊敬する人間でなければなりません。ところが、大学卒のインテリが、すぐにあなたに信頼を寄せ、尊敬までしてくれるかというと、そうはいかないわけです。結局、あなたが成長していくにつれて、それに合った人がついてくるのです。

そうすると、あるステップであなたが副官として採用した人は、次のステップではまた不足が出てくる。新しい任務を帯びた人は、やはりそれにふさわしい器が必要なのです。

すると、能力はないが野心ある古参社員は、自分が偉くならないことに不満を持ちます。その人が古参であればあるほど、その不平不満は社内の雰囲気をガタガタにしてしまいます。

ですから、どんなに賢い人を雇うにしても人間性のよい人を雇うことです。絶対に能力だけで採用してはなりません。今、ウチにはこういう優秀な専門家が喉から手が出るほどほしいと思っても、人間性が伴っていない人は雇ってはなりません。それよりは右向け右といえば、右ばっかり向いている人のほうがまだいいのです。そういう人しか雇えないなら、自分の器もそのレベルなのです。

器に応じて仕事を任せる

私が京セラという会社をつくる前の会社で研究していたときに、高卒で入社し、私の研究助手をしてくれた人がいました。彼は私が努力して伸びていくのと同じように努力して、全世界の京セラグループの会長を務められるまでの器になりました。そういう人をとことん大事にしていくことは、組織運営の絶対条件です。京セラには一流大学を出た、年齢も彼と同じくらいの人たちがいますが、問題にならないぐらい、人間性といい、力量といい、すばらしいのです。

しかし、前の会社のときから一緒に働いてきた人でも、全部の人がそうなったわけではありません。小さな子会社の社長をしている人もいます。それは、それぞれの器に応じた仕事をやってもらっているからです。

それでも子会社の社長をしている人の中に「創業以前から稲盛さんと俺は仲間で、一緒に京セラを創業した。それなのに俺は、ちっぽけな会社の社長をやらされて不満だ」というようなタイプはいません。現在の仕事に感謝し、生きがいを感じてがんばっている。そういうすばらしい人間性を持っているから、会社も立派に経営できるし、みんなからも信頼されるのです。

能力はそれほどなくても、人間性がよくて長年一生懸命やっておられる人は、情けを持って使わなければいけません。ただし、あくまでもその人に合った仕事をさせるべきです。

そして、能力や学歴はさほどではなくても、トップが成長するに従って、長年にわたり一生懸命ついてきて、やがて頭角をあらわす人こそ大事にしなければならないのです。

新入りが上役になる場合もあると説得

京セラが成長していく過程では、次から次へと大きい事業をやってきましたから、中途入社で優秀な人を連れて来て、事業を任せることもありました。すると、古くからいた人にすれば、中途入社で入ってきた人間が、自分よりも上の地位にいきなりつくということもあるわけです。それでは社内でもめごとの種になりますから、私はどういう会社を目指すのかということを社員に話しました。

「京セラという会社をもっと成長させたい。それには新しい事業をしていかなければならない。セラミックスだけをやってきたわれわれだけでは、新しい事業はできない。そこで外部から専門家を連れてこようと思う。そのとき、中途入社の若い人でも、古参の人より上の地位に置かなくてはならないというケースも出てくる。それを承知してくれるか」

「われわれがつくった会社なのだから、いつまでもわれわれがお山の大将でいたい。

よそものが途中から来て、上にくるのは我慢ならない。そうしてまで大きくする必要はありません、とみなさんがいうならやめましょう。ただし、それは京セラという会社をその程度の山にしましょうということになる。

せっかく京セラという会社をつくったのだから、もっと大きく立派な会社にしましょうというなら、中途入社の人が、上に来るかもしれませんが、それを承知してもらわなければなりません。会社は大きくしたいけれど、自分たちの上に新入りが来るのは嫌だという選択肢はありません。会社を大きくしようとすれば、そういうことも必要なのです」

そうすると彼らも「結構です。今後、新しい事業を展開していくなら、われわれよりも優秀な専門家に来てもらう必要もあるでしょう。一切不服は申しません」と納得してくれました。

あなたの会社が今から一〇〇億円規模まで拡大していこうとすると、一店舗当たり年間一億円ぐらいの売上として、一〇〇店舗近くなるわけです。一〇〇の回転寿司店を管理するのは並大抵のことではありませんから、相当な切れ者たちがあなたの副官として必要になるはずです。

この問題は、会社を伸ばしていきたいと考えている経営者の方なら、みな同じ悩みを抱いているだろうと思います。苦楽をともにしてきた人の処遇ですから難しい問題ですが、これをうまく解決すれば、会社は大いに発展していきます。

【経営問答10】

能力に一長一短のある幹部の育成はどのようにすべきか

◉質問

当社は、発電所の改善工事やメンテナンスの「提案型エンジニアリングセールス」を仕事としています。創業してから六年が経過し、社員は二四名です。今期の決算は、目標の売上一一億円をクリアできそうです。

私は大学を卒業後、電力会社の子会社にサラリーマンとして勤めましたが、自分の力を世に問おうと裸一貫で当社を創立、何のバックもスポンサーもなく会社を率いてきました。

電力会社では、プラントメーカーと電力会社の子会社などに、仕事を発注します。プラントメーカーが発注するのはメーカー関連会社、その系列会社、その下の会社とだいたい決まっており、当社が受注できるのは、よくて曾孫請け、通常はその下ぐらいになります。電力会社系列についても同様です。一方で、この業界では安全性を重視するため、実績主義が強いのが特徴です。

そこで私は直接、電力子会社へプラントの改善や新工法の提案を行うようにしました。すると、採用されたものについては、メーカーの関連会社や電力子会社から直接仕事をもらえるようになり、最近では一部電力会社から、直接仕事をもらえるようになってきました。

系列重視でやってきた業界ですが、電気料金値下げによるコストダウン要請などにより、体質が変わりつつあります。メンテナンス期間を短縮し、稼働日数の延長を図るための工夫、コストダウンを図るための工法の工夫など、当社の得意とする分野のニーズが高まってきています。

このような背景から、従来、一部の発電所からの受注に頼ってきた当社も、採用されたプラントの改善提案を他の発電所にも水平展開しやすい状況になってきました。

そこで、私は第二の柱づくりのトップセールスに出たいのですが、当社の置かれている立場を一番よく理解し、がんばらねばならない幹部に現場を任せきれないため、行動が起こせません。

まず、幹部に期待したいことは、当社が提案型エンジニアリングセールスを行っている性格上、すべての工程に精通してほしいということです。具体的にはプラントの改善提案、提案資料の作成、営業、受注、設計、外注業者手配、施工、工事管理のすべてをこなしてほしいと思います。

当社の客先には、二つの発電所があり、それぞれを第一事業部、第二事業部が担当しています。第一事業部が売上の約七五％、第二事業部がその残りを占めています。各事業部は、それぞれ提案、受注、施工まで一貫作業を行う形で運営しています。

事業部を任せているそれぞれの幹部には一長一短があります。非常な努力家で提案能力に長け、事業部に確実な利益をもたらしてくれるものの、無愛想で口下手なため、お客様に人望がない人。真面目で一生懸命なのですが、どちらかというと職人タイプであり、クリエイティブなことに消極的で、リーダーシップをとれない人。対外的には評判がよいが、技術屋としては能力が低いため、なかなか仕事を任せられない人。若手の幹部は優秀ですが、経験が浅いため、エンジニアリング的発想が不十分です。

このような状況のため、第二の柱づくりや業容の拡大に不可欠な研究開発等に軸足を移せていません。幹部のもの足りない点は、社長自らが指導するべきであり、たとえ能力不足の幹部でも、降格などはせず、提案から施工までのすべてができるオールラウンダーに養成したいと考えています。

専門性を必要とする仕事のため、現在の一貫作業を行う事業部制は難しいのではないか、技術屋とマネージャーは分けて、業務別に組織を構築し直すのがよいかという考えも頭をよぎります。しかし、業務別に組織を分けると、施工における人の手配など、重複する点で無駄が省けるメリットはあっても、一貫作業に比べ、お客様との接点が減ることにより、親密度が低下したり、現場部門が職人化したりして、提案マインド、営業マインドが落ちることが心配です。

当社は提案営業が宿命の会社です。ですから、私の考えとしては、全工程にわたってエンジニアリングマインドを持ってもらうために、あくまでオールラウンダーとして幹部、若手とも育てていくことを方針にしようと思っています。能力不足、経験不足の幹部は、私が直轄で鍛え直すことで、今後も粘り強く育てていくつもりです。

そこで、個性の違う、能力に一長一短のある幹部を、いかにして社長の片腕となるように育て上げるのか、接遇能力を高め、お客様の情報、ニーズをつかみながら改善提案を考えＰＲしていくようにできるのかに悩んでいます。

京セラをつくる過程で塾長がたどり着かれた、能力に一長一短ある人材の育て方、組織のあり方について、アドバイスをいただきたいと思います。

◉回答

会社を機能別に分け、それぞれに向いた幹部に任せよ

発電所への提案型セールス

発電所の仕事をする場合には、電力会社やプラントメーカーの曾孫請けという宿命を免れない。そんな環境で、プラントやメンテナンスの改善提案を発注元の会社である電力会社やプラントメーカーに持っていき、それを認めてもらえた。現在では、直接発注元から注文が受けられるようになったといわれました。

お仕事の内容は「提案型セールス」です。プラントの改善提案をし、資料をつくり、電力会社やプラントの担当者のところに持っていく。そして、「プラントのこのメンテナンスをするには、こうすべきだと思います」と提案する。それを認めてもらって注文をもらうと、次は提案にもとづいて設計し、適切な業者に外注手配し、施工させて、提案通りになるように工事管理をする。この仕事を始められて、今期は一一億

円の売上になるまでに、どんどん発展してきた。

そういう提案型セールス、つまり、提案から始まって工事管理まで全部を社長自らがやっていたことを各事業部にもやらせたいと思っておられます。

一方で、そういうやり方は非常に難しいということもわかっているので、機能別に分けるべきかと思ったり、やはりオールラウンドでやらせるほうがいいかと考えたり、悩んでおられるわけです。

創業型トップの悩み

創業者であるあなたは非常に優れた才能を持っておられる。それは本人が認めようと認めまいとそうなのです。今まで曾孫請けぐらいしかできなかった業界に、何の後ろ盾もなく新規参入し、すばらしい提案でお客様の信用を獲得された。電力会社の社員でも、電力会社の周辺でモノを納めている下請け業者も考えつかないような、クリエイティブで優れた提案をしたから今日があるわけです。

創業型の方は、自分がそうやってきたものですから、同じような事業部を展開していきたいと思われるのです。ところが、二〇人ほどしかいない会社にそんな賢い人が来るわけがない。それで非常に苦しんでおられるのです。

実は、私自身もそうでした。最初のころは、「とにかく優秀な人がほしい。でなければ会社は大きくなれない」と深刻に悩んだことを、あなたの質問を聞きながら思い出しました。

けれども、あなた自身が並外れた才能を持った人なのですから、それと同じことをやらせようというのが、そもそも無理なのです。

会社を機能別に分ける

この仕事では、改善提案を考え、提案資料をつくることが重要で、そこにあなたの才能が発揮されているのだと思います。ですから、プラントの改善提案資料の作成は、社長直轄でやるべきです。同時に、その部門では、全国の発電所をくまなく歩いて回って、どこに問題点があるのかということを調査し、資料を集めてくることもします。

一方、別の部門は、提案資料を持って、電力会社やメーカーの子会社に営業に行き注文を取ります。さらに別の部門では、注文が取れた提案資料にもとづいて設計図面を起こし、外注業者を使って施工し、管理をして完結させます。このように、提案、営業、設計・施工管理と三つの部門に分けるべきです。

改善提案から施工管理という一連の仕事を、一人のトップが事業として見るのではなく、三つの機能に分け、その機能に適した人に任せるのです。営業のセンスはないけれども、設計と外注業者の手配と施工管理だけはできる実直な人には、そこを担当してもらう。また、受注活動に如才ない営業センスがある人には、営業を担当してもらう。このように機能別に仕事を分け、社員の能力や性格に合う仕事ができるように担当を決めることが、大事だと思います。

あなたの会社では、全国の発電所がお客様になります。ですから、機能別に担当を分けても、守備範囲が広くて難しいといった、地理的問題があるわけです。しかし、だからといって、あなたと同じように、提案、営業、設計・施工管理の全部を一人に見てもらうことは、現実的に不可能だと思います。すべての部門を一人に任せるのはあきらめ、機能別に分けて、それぞれの分野で人を育てていくことが必要だろうと思います。

まずスペシャリストを育て、守備範囲を広げていく

私も同じ問題で悩み、会社を機能別に分けました。そして、それぞれのところで教育をし、専門家を育ててきました。その人たちが自分の専門分野で立派な仕事ができるよう、成長していくに従って、「あなたはプラントの改善提案もできるのですから、今度は営業、受注まで見てください」としていく。そうして、提案から営業、受注、設計・施工管理まで一気通貫でできる事業部長をつくり上げていくわけです。

つまり、それぞれの人をその道の専門家に仕上げる。一つのものを極め、それに精通した人に次の機能も学ばせて少しずつ守備範囲を広げていって、非常に能力のある人の場合には全体を一気通貫で見させるようにするのです。

今、悩んでおられる幹部の方々について、いろいろと説明いただきましたが、私は実際に会ったこともありませんので、こうしなさい、ああしなさいとまではアドバイスできません。まずは限られた範囲を任せ、その分野のスペシャリストになってもら

い、少しずつ範囲を広げ、やがて事業全体が見られるように幹部を育てていくことが大事だと思います。

【経営問答11】 社員の経営マインドを高めるには

◉質問

当社は今年で創業六七年目になる有限会社で、私自身は父の後を継ぎ、社長として入社して一一年目です。現在クリーニング工場としては八工場、八支店、直営店二五店、取次委託店六〇〇店を有しています。社員も二〇〇名を超えるまでになりました。商圏は近隣三県にまたがり、売上高、取扱点数ともに一番多いと自負しています。入社して一〇年間、おかげさまで一度も前年を割ることなく、売上等も堅調に伸ばしています。

クリーニング業界は女性の就業比率の増加により、主婦業の代行としての家庭洗濯のニーズが高まってきています。その一方で、短時間でドライ表示の衣類まで洗濯可能な高性能洗濯機の登場、アイロン不要のハイテク繊維を使用した衣料品の出現、ライフスタイルのカジュアル化などにより、安くてよいサービスを提供することが当然の風潮となってきており、リーズナブルな商品を提供しないかぎり消費者には支持されないと思っています。

クリーニングは代表的な労働集約型産業です。仕事のクオリティ、生産性向上などは、すべて人に負うところが大きいため、自分自身の心を高めることはもちろんですが、社員と思想の一体感をつくりたいと思っています。

私は、自分と同じように考えてもらうために各種研修・勉強会に社員を参加させ、情報を共有するようにしています。そうすることで、少しでも当社や業界の現状を知ってもらい、私の目指すところを理解してほしいと思っています。また、同業他社の見学なども大切だと考えています。しかし、そういった勉強も現場仕事ゆえに、どうしても休日にならざるを得ません。私自身、参加者のためになると思って、一部の社員に対して指名研修を行っていますが、部署のリーダーとして積極的に協力してくれる者と、どことなく第三者的な傍観者になりがちな人とに分かれているのが現状です。若手に至ってはプライベート優先、マイホーム主義が現状です。

クリーニング業界にも当然競争があり、その競争に勝っていかなければならないという現実があります。勝つためには、いかに社員、パートのみなさんと協調していけるのかが重要になります。ですから、会社のために家庭を少なからず犠牲にできる、あるいは犠牲と感じない社員のレベルをもう一段上げ、同調者の集団をつくりたいのです。

私自身、強がりをいってきたわりには、社員に対してどう語り、どう指導していくべきなのか、その手法と私自身の言葉を見つけ出せずに困っています。「自己犠牲を払え」と強制はできませんし、その点についてのアドバイスをいただきたいと思います。

社長就任当初、社員の意見を聞きすぎて、数名が退社するという結果を招いたことがあります。その後は大善をなす勇気を心がけ、自分の思いをハッキリ伝えるようになりました。二週間に一度は各拠点で全員参加の地区会議を開き、当社のサービスを世に問うことを説いたりしています。また、研修会不参加者にも、機会をとらえては話をしているつもりです。多少よくなってきていますが、まだまだ問題点が多い現状です。ご指導よろしくお願いいたします。

◉回答

トップが幹部を大事にすることから始めよ

自己犠牲は要求できない

質問のテーマとしては、「ある程度家庭を犠牲にしてくれる経営マインドを持った社員を育てるにはどうすればよいか」ということです。後のほうで「自己犠牲を払えという強制もできずにもどかしい思いをしています。どういうふうに指導していけばいいんだろうか」とおっしゃいましたけれども、少し方向が間違っておられると思うのです。

あなたのところはクリーニング屋として多店舗展開されて、非常に大きな規模になっておられますが、有限会社です。みんなに「がんばってくれ」という場合、社長のところの儲けを増やすために、家庭を犠牲にしてでも働け、ということはいえません。それは当然のことです。実際、あなたも「家庭を犠牲にしてでも働いてくれ」と社員にいえないといわれましたが、その通りなのです。ですから、考え方がおかしいのです。

私がつくった京セラという会社は全従業員の物心両面の幸福を追求することを目的としています。「稲盛和夫という男が社長をやっているが、稲盛和夫の財産を増やすためにつくった会社ではありません」とつねづねいってきました。「私を含めた全従業員が幸せになるために、この会社をつくったんです。全従業員の幸せの源泉は、京セラという会社が健全に経営され、利益を出して、将来にわたって発展していくということにあります。その会社を守るためにがんばってください」

そういい続けてきた結果、社員も自分たちの幸せを守ってくれるこの企業を守ろうとして、がんばる人が出てきたということなのです。

アメリカという国に見る自己犠牲の意義

あなたの話を聞いて、アメリカの国の成り立ちについて思い出しましたので、少しお話ししたいと思います。

アメリカという国は、もともとそこに国家があったのではなく、ご承知のようにメイフラワー号などで、ヨーロッパからアングロサクソンの人たちがどんどん渡ってできた国です。その土地には、もともといわゆるインディアンしか住んでいなかった。ヨーロッパの人たちが大勢移り住み、インディアンを襲撃したり、次から次へと土地を略奪したりして、国をつくっていったのです。

つまり、最初に民、人民がいたわけです。人民がどんどん増えるに従って社会が形成される。社会が形成されると秩序が必要になります。そこで最初に彼らがつくったのは保安官です。悪者にも勇気を持って立ち向かってくれる強い拳銃使いを自分たちがお金を出し合って雇い、保安官に任命したのです。その次には陪審員などの制度もつくっていった。つまり、まず住民がいて、政府をつくっていったわけです。ですから、アメリカは建国以来「人民の、人民による、人民のための政治」なのです。

アメリカ人は「自分たちがつくった国家を守り、私の家を守るために戦う」という発想です。「星条旗のもとに」という国家に対する忠誠心を誓わせる場合も、「アメリカ合衆国はわれわれ人民の国だ。われわれが国家を守らなければ守る人がいない」という認識です。だから犠牲を払ってでも守るわけです。われわれがつくった国家がわれわれを守ってくれるから、国民も命を賭けてもその国家を守ろうとするわけです。

会社は何のためにあるのか

あなたの会社を守るために、経営者の財産を守るために、家庭を犠牲にしてまでも働けと、一方的な都合をいって社員が働くわけがありません。まず、あなたの会社は何のためにあるのかということをハッキリさせなければ、「がんばってくれ」ということもいえないわけです。

工場が八カ所、直営店が二五店あるということですが、労働集約的なクリーニングという作業ですから、有限会社という経営の仕組みの中で、全社員に犠牲を払ってやってくださいというのは、無理な話です。

強いていえば、「この会社を立派にするためにがんばってください。がんばってもらった分については、みなさん幹部にも還元します」としかいいようがありません。

社員が二〇〇名を超えていて、パートの方もたくさんおられるわけです。その人たちみんなにほんとうによくしてあげるわけにはいかないかもしれません。しかし、少なくとも、八つのどの工場でも工場長以下三、四人ぐらいは幹部としてあなたの会社を支えてくれる人たちがいるはずです。また、直営店にも店長がいます。そういう人たちを入れれば、五〇〜六〇名ぐらいになるでしょう。その幹部の人たちを、まず大事にすべきです。「家庭を犠牲にしてでも会社のためにがんばれ」とはなかなかいえませんが、あなたがその人たちを大事にし、待遇もよくしてあげれば、その人たちが、「会社のために、もっと協力してあげよう」となると思います。

つまり、向こうに犠牲を求めるのではなくて、あなたが大事にしてあげることによって、向こうの方から返してくれるということしかないのです。せめてそれぞれの店舗の店長、または工場長以下三、四名の人たちだけは、幹部社員として誇りが持てるように、あなた自身が礼を尽くすべきです。一介の使用人ではなくて、幹部として誇りが持てるように、それなりの待遇をしてあげることによって初めて、あなたの期待に応えてくれるはずです。それがないのに、「がんばれ」というのは、違うと思います。

私は創業者ですが、「会社というのは世襲ではありません。私の子供、私の血縁には継がせません」と、もともとからいってきており、六五歳で会長職も退きました。幹部社員の人が跡を継いで、創業者である私はサッサと辞めるという。そのくらい淡白にしていますから、「会社のためにもっとがんばらんか！」と、厳しくいえるわけです。

あなたの会社は、お父さんから始まった会社ですから、「利益は社員みんなで分けます」なんていうことをいったのでは、今度はあなたがお父さんから怒られて放り出されてしまいます。それはいえません。会社はあなたの家のものなのです。

しかし、あなたの家のために犠牲を払えとはいえませんから、少なくとも「みなさんがうちの会社で生活をするなら、会社がうまくいかなくてはならない。だから、プロとしての意識で会社を守ってください」といわなくてはならないだろうと思います。

社員のプロ意識に訴える

「お客様がうちの店を愛してくれなくては、会社は決してうまくいかないのですから、お客様のためにも、仕事があるときには日曜出勤してでもクリーニングをしてください。せっかくお客様がクリーニングを出されたのに、日曜日だからできませんというのでは、月曜日に着ていかなくてはならないお客様の洋服が間に合わなくなる。そういう急ぎの仕事があるなら、休みの日であっても出勤してくれませんか。それはプロフェッショナルとして、いや、お客様に対する責任としてやってください。会社の利益を増やすためにやってくれとはいいません。プロとして、またはお客様にサービスをするという一点で、みなさんにやっていただきたいのです」

そういう教育を社内で行うことによって、責任感ある行動を幹部の人たちがしてくれるようにしなければならないのです。家庭を若干犠牲にしてでも働いてくれる忠誠心を持った人間、愛社精神のある人間がほしいと思われるのは無理もないことかもしれませんが、そういう人材はなかなかいるものではありません。それは、経営者が社員によくしてあげて、初めて返ってくるものだということをよく考えてください。

【経営問答12】責任感ある幹部を育成するには

◉質問

弊社は創業五〇年の佃煮・煮豆の製造販売メーカーです。スーパー、量販店を中心に販売しており、業界でも大手に位置しています。社員約二〇〇名、パート・アルバイトの方を含めると、五〇〇名近くになります。両親が創業した会社で、現在、息子であるわれわれが引き継ぎ、兄が社長、私が副社長、弟が経理を担当しています。

創業者である両親の経営方針は、選択と集中でした。他社に先駆けヒット商品を開発し、後発メーカーが参入してくると、また次の商品開発にシフトするというやり方で、常に一〇%を超える高収益を続けてきました。しかし、ワンマン経営で組織力は弱く、優秀な人材はなかなか定着しませんでした。業界をリードするヒット商品を連発しながらも、営業力や組織力の不備で後発メーカーに逆転され、ナンバーワンにはなれませんでした。業界ナンバーワンになること、これがわれわれ二代目に与えられた使命でした。

兄弟で会社を引き継ぎ、新しい経営方針を打ち立てた結果、営業方針、組織運営、会社のイメージが大きく変化していきました。兄と私が車の両輪となって実質的に経営の舵取りをしていくことで、社員の定着はよくなってきたのですが、業績は思わしくありません。

現在、売上は約八〇億円で、引き継ぎ時の約三倍に伸ばすことができましたが、利益額は横ばいが続いています。利益率が大きく落ちてしまい、トップメーカーとの差も大きく開いてしまいました。

盛和塾で学んだことを生かし、八年前には自分流に京セラのアメーバ経営方式を導入しました。また、五年前には「全従業員の物心両面の幸福を追求する」ことを社是とした経営理念も作成しました。さらに二年前には、「フィロソフィ（経営哲学）を学び、実践し、血肉化することが経営を伸ばし、人生を豊かにする」ことを全社で推進していくべく、全社員にフィロソフィ手帳を配布しました。毎日の朝礼での輪読や、幹部を対象にしたフィロソフィ勉強会をスタートし、現在に至っています。

しかし、この一〇年、売上の伸び悩みが続いています。私としては、売上を大きく伸ばすヒット商品が出せていないことが根本的な原因であると考えています。今のままでは、目指すべき一〇％の利益率にとうてい及びません。

業績が伸び悩む中で、ベテラン幹部社員に、マンネリ化も目立っています。危機感を持たせ、仕事の質を変えていくには、どのようにしていけばよいのでしょうか。

弊社は社長と副社長が強すぎて、部門長以下の社員に主体性がなく、指示待ちになっているという指摘があります。最近は意識して役割分担に努め、任せることを心がけていますが、どうしても放っておけず、つい口を出してしまうことがあります。しかし、独立採算の単位であるアメーバの損益追及やフィロソフィ教育などを実施することで、責任感の変化、仕事の変化は徐々に見え始めています。

弊社では慣れた幹部を交代させるのは、経営リスクが伴うという考えから、長年人事異動が行われていません。成果が上がらなくても交代することがないため、このことが甘えの原因をつくっていると考えられます。遅まきながら、若手の登用を含め、思い切って任せるということ、年功と温情に偏らず、信賞必罰を実行することをより明確に盛り込んで、組織を刷新していきたいと考えています。

幹部の意識と行動を変えるうえでは、経営者自身の行動が変わることが何より重要であることを感じています。弊社の場合、経営者が長年にわたって甘い経営をしてきたことが、会社を蝕んだと反省しています。ご指導をよろしくお願いします。

◉回答

フィロソフィを説くと同時に、現場で厳しく鍛える

フィロソフィは共同経営者をつくるためのもの

ご両親が創業された会社を兄弟で引き継ぎ、売上を伸ばしてこられたものの、利益率がたいへん下がっていることに危機感を抱かれて盛和塾に入られた。ご自身の会社でもフィロソフィをつくり、勉強会を実施する。また、自分なりにつくったアメーバ経営も導入されて、一生懸命がんばっておられる。社員も定着するようになり、スマートな経営ができるようになってきたと感じる一方で、ここ一〇年間の売上は伸び悩み、利益率が非常に落ちてきている。あなたはそこに危機感を持っておられるわけです。

実は、私がフィロソフィをつくって、社員にそのフィロソフィをわかってもらおうと一生懸命努力をし始めたのには、目的があったのです。

二七歳で会社を始めたわけですから、私自身も経営がわかっていない。まさに見よう見まねで、零細企業の経営を始めたのです。それでも、京セラがまだ小さいうちは、私を中心にしてがんばれば、何とか会社を治められていました。

ところが会社の規模がだんだん大きくなってくる。最初は二八名だった社員が、六〇名になり、一〇〇名になり、売上も増えていくに従って、私一人では会社全体が見られなくなってきました。

大きくなった会社を、一体どのようにして経営すればよいかと私はたいへん悩みました。そのとき、「自分と同じぐらいの能力があり、会社を愛し、会社を守ってくれる人がほしい」と切に思い始めたわけです。孫悟空が自分の毛を吹いて分身を出すように、私の分身があらわれてくれて、「おまえは製造だ」「おまえは営業だ」と頼めればどれほどよいだろうかと、ほんとうに思ったものです。

信頼できる部下を育て、それぞれの部門を任せるようにしていかなければ、大きくなった会社を経営していくことはできない。ところが、私から見ればどの部下も頼りなく、任せても十分な仕事ができないのです。将棋でいえば、「金」みたいな駒がほしいと思うわけですが、そのような能力もリーダーシップもあるしっかりした人はなかなかいないわけです。ヘッドハンティングで優秀な人材を外部から連れてくるという方法もありますが、当時はそういう知恵もありませんし、そういう優秀な人材が零細企業の京セラにきてくれるはずがありません。

それなら、「歩」でもいい。敵陣に入れば、「成金」になって強くなるので、どんどん仕事をやらせて経験を積ませ、「金」にさせたい。そう考えたのですが、その「歩」すらないのです。ですから、手元にある紙をちぎって、鉛筆で「歩」と書いて、唾で将棋盤にはりつけてでも勝負したいと、それほどにまで人材不足に悩んでいました。

ところが、紙に書いた駒ですから、全然活躍をしない。風が吹けば、吹っ飛んでいなくなってしまう。ちょうど中小企業の経営と同じです。人を採用し、少しはいい人材が入ってくれたと思っていると、すぐに辞めていってしまう。紙に書いた「歩」みたいなもので、唾が付いている間はついていても、乾くと飛んでいってしまうのです。

それでも、どうしても頼りになる部下がほしいと思った私は、「私に経営ができるのは、経営をするうえで判断基準となるフィロソフィを持っているからだ。共同経営者になってほしいと思う人にこのフィロソフィを教えよう」と考え、話をし始めたのです。

大きな組織を治めていくことはできなくても、中小企業のように二〇～三〇人を治める人なら育てられる。私自身、その程度の人間ですから、私と同じ考え方、判断基準、責任感を持った人を育て、その人にそれぞれの部門を任せていけば、会社を大きくできると思ったのです。つまり、私は経営者を育てるために、「フィロソフィ」を整理し、伝授し始めたのです。

「私はこの会社をこういう考え方、フィロソフィで経営していくつもりだ。ぜひその考え方を理解し、一緒に経営してほしい」

私は共同経営者を育てるために、機会あるごとにフィロソフィを語り、それを共有できるように努めてきました。フィロソフィが共有できれば、社員との間に一体感、連帯感が生まれ、運命共同体としての団結力が強まってきます。

あなたはフィロソフィを朝礼の場で、全員で唱和しているとおっしゃいました。社員全体がフィロソフィを勉強してよい考え方を持つことは非常に大事なことです。しかし、本来そのフィロソフィは、「こいつはナンバーツーの人材だ。経営を一緒にやってもらわなくてはならないから、徹底してフィロソフィを教えよう」という、共同経営者をつくるための哲学なのです。「この経営哲学を理解し、それを身につけなければ、経営は任せられない」というものです。それぞれの部門長に据えようという場合には、フィロソフィをどのくらい理解しているかを見なければなりません。頭だけの理解ではなく、フィロソフィを自分の行動に生かせているかどうかが重要です。私はそれをメルクマールにして、人材を育成しようとしたわけです。

フィロソフィを全社員に浸透させていけば、会社の雰囲気は非常によくなってきます。会社全体のベクトルもそろっていきますから、それは非常に効果があるのですが、私はもともと、自分と同じぐらいのレベルの経営者を育てるための教材として、最初にこれをつくったということなのです。

あなたの会社の場合、あなたがフィロソフィを徹底して教えた部下の組織がどうなっているかが問題です。自分流のアメーバ経営をしているとおっしゃいましたが、製造部門、営業部門、どちらも力が落ちているから、利益率も落ちてしまっているのです。

ご両親は創業者であり、商売のことも熟知されていたのだと思います。ですから、どこでどういう手を打てばよいかといった、経営のことが直感的に全部わかっておられて、社員を叱咤激励しながら、高い利益率を上げてこられたのだと思います。それが今では、理論的な経営になってしまって、現場を厳しく見られていないのではないかと思います。

あなたは「部下に危機感を持たせて仕事の質を変えていくには、どのようにすればいいだろうか。当社は社長と副社長が強すぎて、部門長以下の社員に主体性がなく、指示待ちになっている」と指摘されています。「最近では意識して役割分担に努め、任せることに心がけていますが、どうしても放っておけず、ああしたらよい、こうしたらよいとつい口出しをしてしまうことがよくあります」とおっしゃっていますが、危機感を持たせることは、役割分担し、任せることではないのです。「あなたがこの責任者です。フィロソフィを身につけて、独立採算で、あなたが社長として採算をつくっていくのです」と、採算に責任を持ってもらわなければならないのです。

部門長には責任を持って採算をつくれる人を任命する

部門の責任者というのは社長と同じような責任感を持っていなければなりません。企業というのは、収益が上がらなければ成り立ちません。「この煮豆部門の責任者をしてもらう」となれば、任命された責任者は煮豆部門の社員とともに、その部門の採算が上がるようにしていかなければなりません。たとえば一〇〇グラムの煮豆の完成品を袋に詰めて売るときの売価はいくら、出荷金額はいくらと決めなければなりません。

そこから一〇%の利益を出そうとすれば、原料の豆や砂糖はそれぞれいくらで仕入れ、人件費はこのくらいに抑えるといったことまで考えなければなりません。ところが、豆や砂糖はその煮豆部門の責任者が仕入れるわけではなく、おそらく別の部門で仕入れていると思います。仕入れ部門が仕入れた原料をあてがわれていたのでは、責任が持てなくなります。ですから、「月に売上三〇〇万の煮豆部門責任者」を担当させるのであれば、原料もその部門で仕入れるようにしなければなりません。

「安い豆を使って、質が落ちては困ります。会社の名前に傷が付きます。よい豆を交渉して安く買ってください。私も休日も返上して、丹波の農家まで交渉に行きます」

自分のところの収益を上げるためには、それぐらいの意欲が必要です。つまり、社長と同じ視点で考え、苦労をしてくれる人を育てるために、フィロソフィがいるわけです。

そういう責任感を持った人を、煮豆部門の長にします。責任者はただ部門の社員をまとめていけばいいというものではありません。材料の仕入れから完成品までの経費、売上、利益までを全部見られる、そういう部門別採算を責任者自身がつくっていくのです。仕入れは何も知らないというのでは、責任など持てるわけがありません。部門の責任者は、部門の採算のすべてがわかったうえで、経営をしていくのです。そういう製造部門長、営業部門長がいて、その組織をどう分けてつくっていくかが、実は経営の始まりなのです。

組織をどう分けるか。あまり細かく分けすぎてしまうと、採算を上げるための、創意工夫の余地がなくなってしまいます。だからといって大きく分けてしまうと、今度は大きすぎて見られません。ですから、一般にいう独立採算で、採算が見られる最小の組織に分けるのです。あれもこれもと、いわゆる事業部のような組織をつくったのでは、採算がうまく見られませんから、なるべく単純にして、現場の社員がわかるぐらいの規模にして、その組織を見てもらうのです。そうすれば、売上から材料費と人件費を引けば、いくらの利益を出したのかがわかります。

また、利益が出なければどうするのかをわかるようにしなくてはなりません。たとえば、機械の操作パネルを見ていれば、どのバルブを絞り、どのバルブを開放するのかがわかるように、採算表を見て、どの部門で経費を締めていけばよいかがわかるようにするのです。締めすぎて品質が悪くなってしまったのではどうにもなりませんから、品質の基準は厳然と決めておく。そういうことをしていくべきです。

パート・アルバイトに至るまでわかるような利益を生む仕組みづくり

現場には、パートやアルバイトの方もおられるということですが、特に、主婦の場合は経済感覚が鋭いですから、入社して間もない社員に比べれば、パートの方のほうがはるかにしっかり採算を守ることができます。そういう人にも経営の原点、フィロソフィを教えてあげてもいいと思います。

会社を城にたとえると、組織は石垣のようなものです。石垣には、大きな石もあれば、小さい石もあります。スマートできれいな石だけを並べてみても風雪には耐えられない。小さい石があいだに詰まっているから、石垣がカッチリ組まれているわけです。そういう大きな石、小さい石をきれいに積んでいって、一つの大きな石垣をつくり上げていくのが経営なのです。しかもその組織の中の小さい石も大きい石も、すべてが機能し、生きていなければならない。そこが死んでいたのでは意味がないわけです。

あなたの会社は、石垣がキッチリと組めていないのだと思うのです。漠然と、「利益が出ていないから、もっとがんばれ」といっているだけではないでしょうか。どこをどうがんばればいいのか。つまり、ここと ここの経費をもっと削減すれば、利益はこれだけ出るということを、あなたがわかるだけでなく、パートやアルバイトの方々にまでわかるようにすべきです。どうすれば利益が出るのかを現場の社員にまでわかるようにすることが、経営者レベルの人を増やそうという意図なのです。

京セラでも、昔はそうしたパートの方々がどんどん提案してくれました。大卒で入社三年ぐらい経って責任者をしている人間に、その下にいるパートの方が「ここをこうしましょう、ああしましょう」と、提案してくれるのです。普通であればいわれたことをただやればいいというパートの方が、どんどん提案してくれました。わずか一〇人しかいない職場の中で、次から次へと提案を出して改善していくという。それが実は組織の強さなのです。

つまり、現場の社員に、どうすれば利益が出るのかがわかるような仕組みをつくることが必要なのです。あなたの会社はそういう組織づくりがうまくいっていないのだと思います。

任せるのではなく、責任を持たせる

また、「思い切って任せるということがいるのではないか。それを任せきらないで、たまに幹部を叱りつけたりして口を出してしまうことがある。その態度を改めなければばならない」と考えておられるようですが、そうではありません。「任せる」といって「任せっぱなし」にするのは下の下です。「任せた」といってあなたが何もしないのではなく、幹部にその部門の経営責任を担ってもらい、あなたがその結果を厳しく追及することが必要なのです。ただし、部門の経営責任を担ってもらう前提として、トップと同じ価値観、判断基準を共有していなければなりません。

あなたが幹部に責任を持ってもらうならば、あなた自身はその上の責任者ですから、「こうしなさい、ああしなさい」と指導するのはあたり前のことです。コンサルタントの人たちは、「任せた以上は信頼しなければいけません」というのですが、それは実際に仕事をしたことがない人がいうことです。実際に自分が仕事をしていたら、ハラハラして黙って見ているわけにいきません。下手な経営をしていれば、「おまえ、何やっとる、バカ者が！」と叱るのはあたり前です。それでやれないような幹部では、責任を持たせた意味がありません。

あなたがすべきことは、責任を持ってもらうためには、どうあるべきかを考えることです。あなたが考えておられるように、年功序列に頼らず、信賞必罰でやっていくことも必要なことです。責任を持ってくれる人ならば、若い者でも登用すればいいのです。

今はスマートな経営スタイルを実践しようとするあまり、現場で厳しい追及が行われることもないため、社長、副社長のいう通りやればいいと、会社全体が指示待ちの状態になっているのです。それが、売上が横ばい、利益率が低下しているという現状にそのままあらわれていると私は思います。

部門の責任者とは、その部門の将来や社員の生活に対して責任を持つということです。そのためには、採算を向上させ、利益を上げ続けなければなりません。部門の責任を担う幹部がそういった意識を持つまでにフィロソフィを語り、同時に、現場での厳しい追及を行う。そうしてこそ、責任を担ってくれる幹部が育ってくると思います。ぜひ、自分流ではなく、現場の人間にも採算が見える正しいアメーバ経営を実践していただきたいと思います。

第四章

自らを高める

尊敬されるリーダーとなる

従業員を惚れさせることができるか

私は、京セラを創業したときから、どうすればこの集団を守り、発展させていくことができるのかと、悩んできました。私を含め二八名の従業員とはいえ、中学を卒業したばかりの方から、私の父親ほどの年齢の方まですべて、二七歳の私が引っ張っていかなければならなかったからです。

「人たらし」という言葉があります。あまりいい言葉ではありませんが、人をたらし込むくらいに魅力ある人間性を持っていなければ、従業員はついてきません。従業員がついてこなければ、事業を成功させることも、会社を大きく発展させることもできないのです。

とりわけ、大企業に比べれば持てる資源が乏しい中小企業は、いかに従業員の力を結集させるかが、事業成功の鍵となります。一般に、中小企業の経営者の方は、「優秀な人材がいないので、ウチの経営はうまくいかない」と考えがちです。しかし、中小企業の場合、持てる資源は人しかないのです。今いる従業員の力を最大限に引き出し、事業を成功させていかなければ、会社を伸ばしていくことなどできません。そのためには、何よりもリーダーが、仕事の面でも、人間性の面でも、信頼され、尊敬されることが必要となります。

先人の教えに学ぶ

従業員を引っ張っていくには自分自身が尊敬されなければならない。そのことに気づいた私は、仕事のミスを叱ったり、注意したりするとき、また、みなの前で話をするときなど、格言などを引用して話そうとしました。ところが、それはあまり効果がありませんでした。理工系の分野に偏って勉強してきた私が、聞きかじりの言葉をその場しのぎで使っても、どこかぎこちなく、みなを納得させることはできなかったのです。

未熟な自分が人間的に成長するには、人間のあるべき姿を学び、心を高めていかなくてはならない。そこで私は、哲学や宗教なども一生懸命勉強するようになりました。仕事でどんなに遅くなっても、お酒を飲んで帰ったときでも、寝る前には必ず哲学書や古典などを一ページでも二ページでも繰る。そうして、先人の残してくれた教えを日々ひもといたのです。また、知識として学ぶだけでなく、日々の経営においても、生活においても、そのあるべき姿を目指して努力を続けました。

「無私」の心のリーダーシップ

私の郷里、鹿児島の偉人である西郷南洲は次の言葉を遺しています。

「己れを愛するは、善からぬことの第一也」

自分自身を愛することは、一番よくないことだという意味です。事業がうまくいかなかったり、失敗したりするのは、自分自身を大事にしすぎるからです。リーダーとして立派な仕事をしようと思えば、私心を挟まず、人間として正しいことを正しいままに行うことが大事です。

これは現代においても通じる、リーダーが持つべき心のあり方だと思います。事業を行うリーダーが、「自分が金儲けをしたい」「自分に都合のいいようにしたい」という考えであっては、従業員から信頼され、尊敬されるはずがありません。そのようなリーダーのもとでは、企業経営はうまくいかないのです。

リーダーとなり集団をまとめ、集団を発展させていくためには、自己犠牲を厭《いと》わない「無私」の心が必要です。そうすることができる勇気を持った人でなければ、リーダーになってはならないのです。

会社がうまくいきだすと傲慢になってしまう経営者や、役職が上がるにつれ、威張るようなリーダーでは、社員の心は離れていってしまいます。地位や名誉、金といった利己の欲望を抑え、集団のために謙虚な姿勢で尽くす、「無私」の心を持ったリーダーであれば、部下は尊敬し、心から従ってくれるはずです。人を動かす原動力は、公平無私なリーダーの姿なのです。

自分を磨き、人格を高め、尊敬されるようになれば、リーダーの指し示す目標に向かって、従業員はリーダーと一体となり、自然と努力してくれるようになります。このような尊敬されるリーダーとなれるかどうかが、会社の発展を決めていくことになるのです。

【経営問答13】トップとしての価値判断の基準をどう確立するか

◉質問

わが社は今年で創業五〇年を迎えたお菓子メーカーです。主におせんべい、あられなどの米菓を製造し、流通向けに販売している年商約九〇億円の企業です。社員数は約五〇〇名です。会社創業五〇年を機に二一世紀に向けた新しい会社に変革するため、約三五年間経営のトップを務めた父に代わり、私が三代目の社長に就任することになりました。社長の交代は既定路線でしたし、父も引き続き会長として残ることもあり、社内では社長交代はスムーズに受け入れられました。

弊社は米菓専門であるために、デザート類の多様化、健康志向の強まりなどの影響で厳しい環境にある菓子業界にあって、大きくは伸びないものの不況にも強く、業況は安定的に推移しています。

私は専務時代から次のような四つの課題を掲げてきました。

一つ目は「大量生産・大量販売の時代から多様化したニーズに対して、いかに自立した商いができるか」。量販店中心の商売にウエイトが移ると、どうしても最大公約数に応える品ぞろえになり、絞った商いになってしまいます。そこで、直販営業の比率を高めることによって意識的に量販店のウエイトを落としたいと考えています。この方向性は、結果として売上の伸長より利益率の向上につながると思いますが、具体的には直販や通販その他の新規チャネルを開拓することにより、より広範に、よりお客様に近いところで、当社の商品特性で勝負していく方針です。

二つ目は「社員の真の幸せをどのように実現させるか」ということです。具体的には、ただ働きに来てお金を得るという職場ではなく、仕事を通じて心を高められるような職場の実現をどう図るか、というものです。弊社では、商売のテクニック中心の教育をあらため、人間の基本である家族、つまり夫婦、親子を思うことを重視した教育を行っています。具体的には、挨拶に始まり、朝礼や研修を通じて教育の形態を変えてきました。現在、少しずつですが、その効果もあらわれています。私自身も社員の幸福をしっかり構築し、株主や社会に還元できることが第一義であると考えていますので、そのために自分自身の人格を高め、尊敬を一身に受けるよう心の練磨に努めたいと思っています。

三つ目は「部門別管理の細分化とスピード化の実施」です。弊社はつい最近まで個人別、製販別、部門別、商品別の収益管理ができていませんでした。昨年ようやくそれが完成し、部門別、商品別はやや粗い管理ですが、上記四つの観点での管理会計が稼働しています。また、これによって職場のトップだけではなく、中間層も数字に対する感覚が向上してきています。今後は、さらに精度をアップすること、そして日時で掌握できるようにスピード化を図るつもりです。

四つ目の課題は「日本を代表する米菓をいかに世界に広げられるか」です。日本の味である米菓を世界の人に楽しんでもらいたいというのは前社長の夢でもあり、ぜひ実現を図りたいと思っております。実は、当社は過去に韓国、中国に技術指導をした実績がありますが、実際の生産拠点設立の実績はありません。中国では最近、日本の米菓がブームになっていますが、消費者意識の違いもあり、ある程度品質が悪くても低価格で量のたっぷりあるものを求めるという傾向が大勢です。そこで私は、まず先進国に小プラントの工場をつくり、最初は日系などのスモールマーケットから入っていきながら米菓の味の普及に努めたいと考えております。この件に関しては、過去の技術指導の実績国も含め、弊社の総発売元である総合商社と協力し、可能性を追求したいと考えております。

以上の基本的な四つの方針を踏まえ、私は経営を進めています。社長としての責任の大きさを痛感している私に、これからの時代のトップとして何が大事なのか、何が足りないのか、さらに社長が精神面、経営実務面で常に留意しなければならない点、そして社長業の要諦について教えていただきたいと思います。

◉回答

先人の教えを学び、トップとしての人格を磨け

量販店向けを伸ばしつつ、販売チャネルの拡大を

今取り組まれている四つの課題についてお話をいただきましたが、一番目にある量販店向けの販売について、「縮小はしないが、今後、あまり重点を置かない」とおっしゃいました。私は、量販店向けの販売も伸ばしつつ、考えておられるような販売チャネルの開拓をしていかれてはどうだろうかと思います。直販、通販等を含めて、顧客のニーズに応える品ぞろえをして、直販営業の比率を向上させていこうとするのはけっこうですが、量販店向けを現状維持に留めておくのは問題ではないかという気がします。

お父さんの代には量販店向けを含めて相当売上を伸ばし、成功してこられた。これは決して間違った方向ではないと思います。確かに、あなたがおっしゃるように一般

大衆の好みに応じた多様なもの、付加価値の高い米菓をつくることは、自立した商売をするための一つの方法です。しかし、それでは手間がかかってしまい、少量生産みたいなことになるのではないかという気がします。お父さんがやってこられた方法を伸ばしながら、さらにあなたが考えている消費者ニーズに応えた品ぞろえを実現していく方向にいかれたらどうかと思います。

三番目の「部門別収支管理の精度の向上」については、部門別収支の管理をすでに始めておられますから、非常に立派なことだと思います。ぜひ、その精度をもっと向上させてください。小さなプラントとはいえ工場を経営する場合には、また、海外での工場展開も考えておられるようであれば、どうしても部門別収支管理という管理会計が大事になってきます。そのためにも精度をさらに上げておかなければならないと思います。

心服させるほかに人を使う道なし

あなたが質問された中で、たいへん感銘を受けた言葉がありました。「私自身も社員の幸福をしっかり構築し、株主や社会に還元することが第一義と思っておりますので、自分自身の人格を高め、尊敬を一身に受けるよう心の練磨に努めたい」。これはたいへん立派なお考えです。やはりトップは、人格を高め、社員から尊敬を受けられるような人物でなければなりません。

若くして社長になられたわけですから、お父さんの時代からの幹部の人たちなど、会社にはあなたより年を取った方がたくさんおられると思います。「その人たちは人間的にもいい方ばかりなので、自分が社長になることを抵抗なく、問題なく受け入れてくれた。非常に幸せです」とおっしゃいましたけれども、それはお父さんの会社の治め方がよかったからだと思います。一般社員も幹部の人たちもお父さんを尊敬し、信頼しておられる。そのために、「あなたが世襲で跡を継ぐのは当然だ」とみなさんが思っておられた。だからたいへん歓迎して、何の抵抗もなく受け入れてくれたのだろうと思います。

お父さんが幹部の人たちから信頼され、尊敬されていたから、スムーズにあなたの社長就任を受け入れてくれたのですが、あなた自身はどうなのか。つまり、もしお父さんがいなかった場合、あなた自身が尊敬と信頼を受けられるような人なのかどうか、それが問題だと思いますし、あなた自身も「今からでも人格を高めていき、尊敬されるようになりたい」といっておられる。ぜひ、そうしていただきたいと思います。

特に、小プラントであっても先進国に出ていって、かき餅やおせんべいをつくろうとお考えであれば、なおのことです。人種を超え、言葉のハンディを超え、歴史・文化の違いを超えて外国の人を治めていく場合には、まさに人格しかありません。「あの人は若いけれども立派な人だ」と思ってもらう――そんなふうに心服させる以外に人を使う方法はないのです。

高い給料を払って、あなたが社長として命令をすれば、人は従います。しかし、それはうわべだけであって、ほんとうに心服して、この社長のためならがんばろうという気持ちにさせるのは、まさにあなたの人物としての器量にかかっているのです。人格が立派であることが大事ですから、ぜひ人間をつくってください。

判断の座標軸は人間性

人間をつくるのが一番だというのには、もう一つ理由があります。

社長は最終結論を出さなくてはなりません。その決断をするときに何をもって決めるかというと、それは心の中の座標軸なのです。心の中に座標軸を持ち、それと照らし合わせて、これはいい、これは悪いと決めるのです。そのため、しっかりとした座標軸をつくることが第一番になるわけです。

座標軸はその人が持っている価値判断の基準です。たとえば、あなたがおっしゃっているように、今、中国では日本のおせんべいやかき餅が人気になっている。多少品質の悪いものでも、かさが大きいものが好まれている。だからあなたは、「品質が悪くても、安くてボリュームがあるものが好まれるので、中国に進出するのはやめよう」とお考えになった。それはあなたの価値基準なのです。「それでもいい。ウチは国内向けに高級なものをつくっているけれども、中国の人たちが安くてかさが大きいものを好んでいて、それが非常に売れるのなら、中国向けにそういうものをやろう」

と判断する人もいるでしょう。そういう判断をする場合の価値基準になるのは、その人が持っている人間性なのです。

あなたはどうしても海外に出て行きたいとおっしゃった。しかしそれは、中国でもなければ韓国でもない。あなたは先進国といっておられますから、どうやらアメリカその他の国が頭にある。ではそれはどういう基準でそう思うのか、ということです。

あなたは学校も出られ、若くして社長にもなり、アメリカにも行ったことがあるでしょう。海外に出ている友だちもいるでしょう。そのために米菓をつくっている一介の田舎メーカーでありたくはない。どうしても海外に出たい。とすれば、それは事業としての思いなのか、それとも見栄なのか、という問題になるわけです。つまり、価値判断の基準です。

価値判断というのは、実は人格を投影したものなのです。その人が見栄っ張りだった場合には見栄っ張りの方向へ、怖がりだと怖がりの方向へものごとを決めてしまう。石橋を叩いても渡らないという、非常に慎重な人もいれば、石橋を叩かずに渡る人もいる。まさに、価値判断はその人の人柄によるのです。

人柄は変えられます。あなたは経営に大きな責任を持っておられるのですから、あなたの人柄を立派なものに変えていかなければなりません。それは、正しい判断をするために、人間をつくっていかなければならないということです。心を修養し、人間がいかにあるべきかを学び、人間性を高めていくということが、人柄を変えていくことになるのです。

人格を高める二つの方法

人格を高め、人柄をよくしていくには、二つの方法があります。一つは先人の教えを学ぶことです。私の場合には、安岡正篤さんが解釈される中国の古典などから「人間としてどうあるべきか」ということを、またはヨガの哲人である中村天風さん、あるいは二宮尊徳が持っていた哲学などを学び、自分のものにしようと思いました。その前は、私の両親から教わった「人間として何が正しいのか」というプリミティブなことをベースに経営をしていこうと思いました。プリミティブなものから始まって、だんだんと高度なものを勉強し、それを自分の価値観に、自分の哲学にしてきたわけですが、そういう「先人に学ぶ」ことも人間をつくっていきます。

もう一つは、やはり善きことをなす、つまり「利他の行為」です。「積善の家に余慶あり」「情けは人のためならず」というように、他人さまのために尽くす、善きことを行うことは、自分の人格を高めることにもなっていくのです。

何といっても社長は、最終的な決断をしなければならない。そのときに、立派な哲学を持っているのか、つまり心の座標軸を持っているのかということが決め手になるのです。

社長が会社組織に命を吹き込む

社長業としてもう一つ重要なことがあります。これは私が若いころから思っていたことなのですが、会社というのは一つの生命体としてイキイキとして躍動していなければならないわけです。雇われ根性の人ばかりが集まっていると、組織の精気がだんだんと低下していきます。そこに企業としての生命力を注入する必要がある。トップがそれをしなければならないのです。

私の場合、若いころには稲盛和夫という個人の時間はありませんでした。あえていえば、ほんとうに夜遅く家に帰ったときだけが私個人の時間でした。

実は、以前に家内と娘たちに怒られたことがありました。私は、家族とはめったに会えなかったので、帰るときはたとえどんなに遅くても、子供が起きていれば「今日はお父さん、こんなことがあったよ、あんなことがあったよ」といろいろ話をしていました。私も、いろんな話をしているから、家族との一体感があって、「家内も子供もみんなよく理解してついて来てくれた。だから私は家庭を振り向かないで仕事だけができたし、今日の会社があるのもそのためだ」と思っていたのです。

ところが会社がずいぶん大きくなってから、そのことを家内や子供にいったところ、「とんでもない。お父さんは帰ってきても心ここにあらずだった」といわれてしまいました。

家内や子供たちは、私が帰ってくるまでご飯を食べずに待ってくれていたのです。やっと帰ってきて一緒にご飯を食べるとき、めったに会えないものですから、子供や家内は自分たちの周辺に起きたことをしゃべったり、「今日のご飯はおいしいか」と聞いたりするのですが、「お父さんは虚ろな返事をした」というのです。「その虚ろな返事を聞いた瞬間、ああ、もう仕事のことを考えているんだろう。だからもう黙っていようというので、それっきりシーンとなって話題が一つも進まない。寂しい夕食をすることがしょっちゅうでしたよ」。そういわれました。

たまにしか一家がそろわないのに、そろっても楽しい団らんさえなかったと娘と家内に激しく叱られて、背筋が寒くなったことがあります。

確かにそうかもしれません。その当時私は、「私が個人の稲盛和夫に戻った瞬間に、会社は仮死状態になってしまう」と思っていました。そう思うと怖くて怖くて、そういう恐怖心といいますか、強迫観念にかられて、仕事に打ち込んでいました。

私の場合はすさまじい話ですが、社長というのはそのくらい厳しいものです。自分の能力を百パーセント企業に注入できて初めて、社長なのです。プライベートな時間すらもとれないぐらい厳しいのが、トップなのです。つまり、社長とは企業に命を吹き込み続けなければならない存在なのです。

トップとナンバーツーの責任の重さには雲泥の差がある

よく「企業のトップとナンバーツーとの差は、外見的にはあまりないように見える。しかし、その責任の幅、重さたるや雲泥の差がある」といわれます。あなたの場合には社長になられましたけれども、まだお父さんから見ればナンバーツーですから、ほんとうの意味でのトップとは違います。

トップになった人が「今まで社長を外から見て、あのくらいは自分でもできると思っていた。しかし、いざ社長になってみて、その責任の重さに驚く。副社長時代、専務時代に社長と同じような仕事をしてきたと思っていたのに、実際に社長になった瞬間、まったく違うということがわかった」という話を耳にします。まさに、命を賭けて、責任を感じて仕事をしてきたか、それともサラリーマン的な経営者としてものごとを判断してきたかの違いだろうと思います。

あなたの場合には、社長になられたといっても、まだお父さんがおられるから、そこまでの実感はわかないかもしれません。しかし、五〇〇名もの社員がおられる大きな会社ですから、その大きな組織を動かしていくために、ぜひとも今から大きな集団のトップとして、いかにあるべきかを勉強し、人間性を高めていってください。

【経営問答14】 トップは第一線に出るべきか

◉質問

わが社は医療用の機器、材料を、病院や医院に販売しています。先代社長であった父の突然の死去に伴い、私が二九歳のときに社長に就任しました。右も左もわからず、毎日恐怖感というか不安感におののきながら仕事をしてきました。社員は年齢的にも二〇代、三〇代が中心で、五〇代はいません。若いということが強みかどうかわかりませんが、そういう意味ではまだまだ発展途上の会社だと思います。

弊社は現在、地域の業界ではナンバーツーです。いつかナンバーワンになりたいと常に思っています。そのため、まず若い営業社員を雇おうと人的投資をしています。

いろんな経営の本を読んだり、テープを聞いたり、講習会に行ったり、あれこれやってみたのですが、伸びる会社というのは、やはり社員が喜んで働く会社ではないかと考えました。「社員を喜ばせる」というのは少しおかしいかもしれませんが、まずやる気を引き出すためにいろんなことをやりました。失敗したこともありますが、おかげさまで九月の決算では対前年比二一％増という数字を上げることができ、現在は私から見ても非常にいいムードになってきました。

ただ、一つ困っているのは、営業の要である営業部長が、二年前に病気をしてからほとんど営業に回らず、朝から晩までパソコンに向かっていることです。そんな状況であるため、私自身がもともと営業のほうが好きなこともあって、どんどん病院や診療所を回って営業展開しています。お客様からも私の名指しで電話などがかかってきて、部下の営業社員への指示も私のほうから出すようになりました。

私は営業部長にプレーイング・マネージャーになってほしいと思っているのですが、そういってもしかたありません。私自身がどんどん営業展開していこう、ワンマンでやっていこうと考えています。

しかし、最近外部の方々から「社長がほとんど会社にいない」とか、「社長が率先垂範して営業の前線に出ているが、何でもかんでもすると人が育ちませんよ」といわれています。しかし、一方では「業界ナンバーワンを目指すに当たって、社長が会社の中にいてもいいのか」とも思います。この点、どのように考えればよいか、教えていただければ幸いです。

◉回答

率先垂範するトップのもとでこそ人は育つ

「ワンマンではダメ」という言葉に耳を傾ける必要なし

「何でもかんでもやるワンマン社長だから、人が育たないのです」とよくいわれます。コンサルタントはみんな、「人を育てるにはもっと人に仕事を任すべきです」というのです。

それを聞くと「なるほど」と思って非常に悩まれる。しかし私は、「それはナンセンスだ」と断言します。それは自分で経営したことがない人がいう言葉です。経営者はそんな悠長なことはいっていられないのです。

社長が怠け者で働きたくない、なるべく部下に任せて自分は遊んでいたいというなら話は別ですが、そういうタイプの社長がいいのかというと、そうではないはずです。やはり中小企業、中堅企業の場合には、社長自身が先頭を切って仕事をすることが必要です。

社内から「あなたが何でもかんでもやるから、人が育たない」という声が出てくることもあります。しかし、そんな頼りない社員なら育たなくてもいいのです。バリバリやる社長の尻からついてきて、見よう見まねで社長と同じぐらいに仕事ができるような人間が育ってくれなければ意味がありません。能力ある社長がやらずに部下に任せて、頼りない部下が何とかそれをやっているというのは、育てたうちに入りません。

今、業界で地元ナンバーツーである会社をナンバーワンにしたいのですから、営業の一線でも一騎当千の猛者を育てなくてはなりません。そのためには社長がバリバリ仕事をして「われに続け」と号令をかける。そうして社長に負けないくらいの営業力ある人間が育ってこなくてはならないのです。

値決めは経営なり

医療用の材料や医療用の機器を販売されるのですから、病院などに行って販売活動されるのだと思います。医者を相手に販売するわけですから、話題といい、礼儀作法といい、いろいろなものが高いレベルで必要になります。

私がいっている経営の要諦の中に、「値決めは経営なり」という言葉があります。あなたの会社の場合、値決めは、まさに一線のセールスの人がしておられるのだと思います。医者との対話の中で「それは高い、もっと安く」といわれ、「わかりました。これはいくらにします」と決めているのだと思います。つまり、一線の営業社員がその売値を決めているはずです。ここでただ売れるような安い値段をつけたのでは経営になりません。マージンが十分取れるような値決めをしないといけないわけです。

そのためには、商品の仕入れや売値は、トップである社長、または営業部長が決めるべきです。売値と仕入れ値の差額が、粗利になります。この粗利がたとえば一五％だとすると、営業経費すべて、販売費および一般管理費を一〇％に抑えなければなりません。粗利が一五％あって、販管費を一〇％に抑えると、五％の営業利益が残ります。そういうことをすべてわかったうえで、値決めするべきなのです。

競争の激しい医療用機器を右から左へ売る場合に、粗利として一五％くらいしかない。それなのに、医者と交渉する中で、営業の社員が一％や二％は簡単に値引きをしてしまう。それが実は、あなたの経営課題の根幹だと思います。

ですから、営業の一線でモノを売るということは、社長自身が先頭を切ってやる、まさにそれは直伝で社長自身が教えなくてはならないのです。利益を出していくには、売れる値段で売るのではなく、自分でこうあるべきだと考えた値段で売らなければならないはずです。これが「値決めは経営である」ということです。

また、これは私自身にもいい聞かせていることですが、社長や第一線に立つ者は、自分の能力を百パーセント企業に注入できて初めて、社長であり、トップなのです。ほんとうはプライベートな時間すらもとれないぐらい厳しいのがトップです。それなのに、たとえば自分の健康のことを心配していなければならないようでは、意味がないと思っています。

あなたの会社の営業部長が病気をされ、健康に自信がなくなって外に出て営業をしなくなったのは、無理のないことです。その人に「もっと外に出て営業しなさい」ということは酷なことでしょう。ですから、「あなたは健康に不安があるので、営業部長を降りなさい」ということこそ、本当の親切なのだと思います。小さな会社なので、そういうことをいうとかわいそうだと思ってそのままにしておくことは、その方にとっても、会社にとってもよくないことです。それは社長であるあなたが勇気を持っていうべきことです。

医療用機器の販売であれば、営業部長がすべての決め手なのだろうと思います。利益を確保するのも営業部長の才覚です。最重要な部門ですから、社長が率先垂範して指揮をとっておられるのは間違いではない。ワンマンであるとか、人が育たないとかいわれることに対して、耳を傾けて逡巡される必要はさらさらないと思います。

【経営問答15】

トップの意志を社員に浸透させるには

◉質問

弊社は明治一九年に創業した印刷会社で、パンフレット、チラシ、ダイレクトメール等の広告宣伝物が売上の約八割を占めています。社員はパートを含めて七〇名、平均年齢は三〇・八歳です。

私は大学卒業後すぐ、家業を継ぐために弊社に入社しました。入社一〇年目に、社長である父が亡くなり、私が社長に就任し、現在に至っています。社長に就任して、今年で一五年になります。

私は今まで、社員との意思疎通を図ってきたつもりでしたので、社員から信頼されていると思っていました。ところが最近、社外の方から「社員にあなたに対する不信感が出ているよ」といわれ、驚いています。

そういわれ、よく考えてみれば、トップから管理職、管理職から部下への意思伝達がうまくいっていません。時にはかえって不信感を持たれてしまうこともあります。管理職の再教育を強化すべきかとも思いますが、そのことも含めて、トップの意思を末端まで浸透させるためのポイントを教えていただきたいと思います。

まず先頭に立って働き、酒を酌み交わしながら語り合え

◉回答

率先垂範が社員の共感を呼ぶ

結論からいいますと、トップが社員から尊敬されるレベルにならなければいけないということです。尊敬されていれば、社員はトップの話すことを百パーセント納得して聞いてくれます。

私が創業の仲間七人と京セラをつくったとき、仲間は「この会社は稲盛和夫の技術を世に問う場だ」といってくれました。ところが、創業してわずか三年目に、その約束はもろくも崩れてしまいました。高卒社員一一名が、突然団体交渉を申し入れてきたのです。血判状までつくって、昇給、賞与の保証を求め、要求が認められなければ全員辞めるといい出しました。私は、「できたばかりの会社で、毎日必死に働いて何とか会社を守っているのに、将来のことまで約束すればウソになる。とにかく、みん

ながら入社してきて心からよかったと思える会社にするために全力を尽くす」と答えました。

それでも信用できないという彼らを私は三日三晩説得し続け、最後には「私を信用してついてきてくれ。もし私がみなさんをだますことがあったら、そのときは私を殺してもかまわない」とまでいいました。すると、ようやく納得し、会社に残ってくれることになったのです。

こうしてその場は解決したのですが、そのとき「なんと大きな重荷を背負ってしまったのか」と思いました。私の家族は空襲で家を失い、戦後、貧しい暮らしをしていました。私は七人兄弟の次男で、大学まで行かせてもらったのに、まだ自分の親兄弟の面倒すら十分見ることができていませんでした。それなのに、会社を始めたばかりに、社員の生活まで面倒を見なければならなくなったのです。

しかし私は、すぐに気持ちを切り替えました。「稲盛和夫の技術を世に問う場」としての会社という位置づけから、「全従業員の物心両面の幸福を追求すること」を目的にしようと心に決め、それを標榜したのです。

「私は、全従業員の物心両面の幸福を追求するということを会社の目的にしました。だから、私はみなさんを守っていくために必死になって経営します。その代わり、私はみなさんにきついこともいわせてもらいます。みなさんがいい加減な働き方をしているのを、そうか、そうかと見逃していたのでは会社を潰してしまいます。それではみなさんの物心両面の幸福を守るといった約束に反することになります。だから、働かない人は叱り飛ばします。その代わり、私はみなさんよりもっと働きます」

自分たちのためにトップが苦労しているというのは、共感を得ます。つまり率先垂範です。トップは一番苦労しなければならないのです。二代目、三代目になると、厳しいことをいって反発されたり、辞められたりしないだろうかと、意思を伝達するにも遠慮しがちになります。すると、ますます意思伝達が難しくなってくるのです。そうではなく、厳しいことでも、はっきりと伝えるのです。不信感など持たれてはなりません。率先垂範して一番苦労しているのが社長となれば、必ず社員はついてきます。

コンパは心を通わせる最高の方法

意思伝達をする場合、杓子定規にかしこまって話しても、誰も聞いてくれません。聞いているように見えても、右の耳から左の耳に抜けているだけで、何にも残っていません。焼き鳥でも何でもいい、ちょっとしたつまみで酒でも飲みながら、「なあおまえ、そう思わんか」と、心の琴線に触れるような話し方をしなければ誰も聞いてくれないのです。私が盛和塾の勉強会の後に、経営者のみなさんと一緒に車座になってお酒を飲んでいるのは、「みなさんの会社でも、こうしてコミュニケーションをとってください」と、率先垂範して見せているわけで、これはコミュニケーションの最高の方法です。

京セラでも二〇年近く前まで、私が実際にコンパと呼ばれる飲み会に出ていって、コミュニケーションをとっていました。仕事を離れれば、上下の関係なく、和やかな雰囲気の中で、酒を酌み交わしながら、仕事について、人生について、お互いに語り合う。それが京セラのコンパです。そのうち最大のものが忘年会です。社員が一〇〇〇人近くになっていたころでしょうか。どの職場でも忘年会をするのですが、その全部に必ず私が出る。一二月は一日も休まないで忘年会に出ました。その中で飲みながら、社員全員に「この仕事はおまえに頼んだぞ。がんばってくれよ」といって酒を注いで回ったものです。

そうしてお酒を注いで回っても、不信感を持った社員の態度は冷淡です。こっちがご機嫌をとって、「まあ、まあ一杯」とやればやるほど、「不信感」が顔に出てきます。「おまえ、何か不満があるのか」といっても、初めは「いえ、別にありません」というだけです。さらにつつくと、腹に一物ある社員にかぎって、必ず不満をいい始めます。聞いてみると、こちらの気配りが足りないために不満を持たせているケースもありますが、八割くらいは本人がひねくれていて、逆恨みをしているケースです。「ちょっとおまえ、待てよ。だいたいおまえの心はねじくれてないか。何でそう思うんだ」というのですが、会社がやることなすこと、逆にとっている人がいます。そのとき、さっきまでは「まあ、がんばれよ」といっていた私は、突然、「コラッ！　おまえ」と説教を始めるわけです。相手がそういう心情をさらけ出したのも、一杯飲んでいるからで、それが本音です。コンパの席では、誰がどんなことを思っているのか、全部わかります。

一生懸命にがんばってくれる人には、「お願いします」というし、間違っている人には、「その考え方は間違っている」という。また、私自身が間違っていることをいわれれば、「なるほどそうだ、直そう」と、こちらも素直に受け止める。まさに修行の場です。コンパの場は、修行の場、自分を鍛えていく場になるわけです。

セミナーでぶつけられた不信感

私がこのコミュニケーションスタイルでやってきた中で、「あなたは冷たい人間だ」といわれた、面白い例があります。

米国の京セラ関連会社の社長、副社長級の人たちみんなをカリフォルニア州サンディエゴに集めて、私の経営哲学をわかってもらうための経営セミナーを二日間かけて開いたときのことです。このセミナーでは、前もって英訳した私の著書『心を高める、経営を伸ばす』を渡し、それに対する感想文を書いてもらったのですが、それを読んでみると、こんなことは嫌だという内容ばかり。「この本には、金を目的に働いててはいけませんと書いてある。われわれは金のために働いているのに、どういうことか。これはアメリカンスタイルとはまったく違う考え方なので嫌だ」と、セミナーの始まりから、米国の幹部連中から総スカンです。

そこで私は京セラの経営哲学である「京セラフィロソフィ」を噛んで含めて一生懸命に話しました。私は社員のみなさんをほんとうに幸せにしてあげたいと思って誠心誠意がんばっています。それを守っていくための行動指針はこういうものです。「トップは人間として立派でなければならない」ということを主眼に縷々《るる》説明しました。

こうして私が直接、みんなに対して一日話した結果、みんなが納得してくれて、今度は「すばらしい考え方だ」と逆転したのです。「京セラフィロソフィはすばらしい。われわれもその考え方で経営していく」と、セミナー二日目にはみんな大賛同してくれたのです。

問題はその後でした。生活習慣も違えば、哲学、宗教、歴史、考え方がまったく違う人たちを心酔させ、わかってもらって、やれやれと思ったセミナー二日目の最後です。「みんな、京セラフィロソフィで経営していきましょう」といって終わろうとしたら、もう一〇年も働いている幹部が、「質問がある」と手を挙げました。「昨日からあなたの話を聞いていると、まるで福音書を読んでいるかのように心地よく、なるほどと思う。みんなも納得したし、私もそうだと思う。しかし、何か違いはしないだろうか。あなたはさっきから愛とか思いやりとかいっているが、覚えているか。三年ほど前、京都で開かれた経営会議で、米国にある子会社の社長が、今までずっと赤字だった会社を黒字にしたと意気揚々と発表したときのことを。そのときにあなたは、彼をけんもほろろに叱ったではないか。彼は非常に落胆していた。私も、赤字のときはボロクソに怒り、黒字にしてもちっともほめない、なんと冷たい男だと思った。

その後のすき焼きパーティのときもその社長は軽い扱いだった。あまりにも彼がうなだれているもので、私はかわいそうになり、あなたに『あまりにも冷たいじゃないか』と話しに行ったのを覚えているか。するとあなたは、ホイホイと彼のところに行き、『まあ、がんばれよ』などといって肩を叩いていたではないか。愛だの思いやりだの、社員の幸せだのと、きれいごとをいっているが、実際のあなたは冷たい男ではないか」

正々堂々と反論する

みんながなるほどと思っているところにそういわれてしまえば、それこそ二日間の話がすべて台無しになります。あいつは自分のことを正当化するために百万言を費やしていただけなんだと、一瞬にして気持ちが変わってしまいます。だから、私は何としても反論しなければなりません。それも屁理屈ではなく、正当性を持たせなければなりません。

「そうだ。確かにあなたがいう通り、私は彼に冷たくした。だが、問題はなぜ冷たくしたかということだ。今までずっと赤字を続けてきた彼の会社が黒字を出したとあなたはいったが、あのときの黒字は豆粒ほどの黒字だ。それまでの累積赤字たるや相当な額になっている。少しの黒字を出したぐらいで、それをほめられるのか。

もし、それを私がほめたら、彼は喜ぶかもしれない。しかし、彼自身がそれで満足してしまったらどうなるだろう。『社員を幸せにしてあげたい』と私はいっているのだ。そんなわずかな利益で社員を幸せにしていけるだろうか。毎年、賃金を上げなければならないのに、そんな程度の黒字では、社員を守っていけないだろう。だからこそ、私は彼に『そんなもの利益のうちに入るか』といったんだ。それを聞いた彼はたいへん落ち込んだかもしれない。また私を恨んだかもしれない。しかし、私はあえて恨まれてもいいと思って、そういったのだ。

翌年、彼はがんばって、さらに利益を出してきた。今では正常な利益が出るようになったので、私は立派だと彼をほめている。もしあのとき、あの微々たる利益でほめていたら、今日のようにはなっていなかっただろう」

「仏教には大善と小善という言葉がある。たとえば、自分の子供がかわいいばかりに溺愛し、ろくでもない大人に育てていく。それを仏教では『小善は大悪に似たり』というう。かわいがることは善きことであるが、それがただ甘やかすだけの愛情であっては、とんでもない大悪をなすことになるのだ。

一方で『大善は非情に似たり』という言葉がある。『かわいい子には旅をさせよ』

という諺と同じ意味だ。「かわいいわが子に世の中の辛苦をなめさせるなんて」と、他人は非難するかもしれない。しかし、そういう厳しい経験をさせることによって、その子は立派に育ってくれる。厳しそうに見えたそのことが、実は大きな愛なのだ。大善は、凡人には非情に見える。その冷たいことを、あえてやれるぐらいのリーダーでなければ話にならない。あなたのように、ただ目先だけを見て、ええわ、ええわとほめていたのでは、うまくいきはしないのだ。

私が、常に社員を大事にしようといっているのは、甘やかして引っ張っていくという意味ではない。ボーナスや給料をたくさん出したからといって社員はついてこないんだ」

そう説明すると、彼も納得してくれました。

みんなを引っ張っていくための対話というものは、今お話ししたようなストレートなものでなければならないと思います。恐れずに、社員の中に入っていって会話をしてください。

「信者」をつくれば儲かる

ほんとうに自分の気持ち、思いを伝えていくには、最終的に「うちの社長は年は若いが、立派な人物だ」と、社員に思わせるだけの人間性がいります。

商売でもそれは同じです。よく「商売は信用第一」といいますが、商売の一番の極意はお客様から尊敬されることです。尊敬されれば、たとえば値段の見積もりの引き合いなどありません。人間性に惚れ込んでいるのですから、「あの人からモノを買わせてもらいます。高かろうと安かろうと関係ありません。うちは○○会社から買うのです」となるのです。

「儲」けるという漢字は、分割すると「信者」となります。つまり、信者をつくれば儲かるということなのです。お客様だけでなく、社員からも、地域社会からも、みんなから尊敬され、信者ができれば儲かるわけです。尊敬されるためには、自分の人間性や人格は一頭地を抜いていなければなりません。そのためにも、経営者は人間性を磨き続けなければならないのです。

【経営問答16】

社内最年少の社長が、いかにしてリーダーの役目を果たすか

◉質問

社会人としての経験も浅く、会社の中でも最年少二五歳の私が、会社を引っ張っていく立場にある経営者として、いかに社員と接していくべきか、教えていただきたいと思います。

私は大学を卒業後、東京で中小企業の方々にフランチャイズビジネスなどを紹介する会社に就職しました。一年目から一〇店舗ほど任せていただき、やりがいをもって朝早くから終電がなくなるまで働いていました。将来、自分も経営者になりたいという目標があり、また、父が重い病気に侵されていることがわかっており、いつかは自分が会社を継ぐことになるという緊張感があったからだろうと思います。一年後、父の体調が悪くなり、父の経営する会社に入ることになりましたが、残念ながら私が帰った翌月に、父は他界してしまいました。私は父から十分な引き継ぎもできないまま、

跡を継ぐことになりました。

実家は三〇〇年ほど前に創業した乾物商から始まった、代々商人の家です。私で八代目と聞いています。その後、取り扱い商品を増やし、昭和二〇年代から株式会社として食品と酒の卸問屋を営んできました。しかし、価格破壊や業界の流通変革などにより、食品卸部門を分離し、酒卸部門を他社と提携する形で整理しました。現在は乾物をはじめとする食品やお茶、器物などを扱う小売店部門のみが残り、私がその代表取締役に就任しています。酒の卸部門を移行した新会社は提携先に経営をお任せし、私は一切関与していない状況です。

一方、父の代に海苔の加工卸会社を設立しています。地域で唯一、海苔の入札権を持った会社で、九州や瀬戸内海に直接海苔を買い付けに行き、地元の作業場で海苔を焼くなどの加工作業を行ったのち、北陸や北信越、東海地方のお寿司屋、飲食店、旅館、スーパーなどを中心に納品しています。売上はここ数年、五億五〇〇〇万円から六億円の範囲で推移し、社員は役員二名を含めて一二名、パートが一七名です。食品や乾物を扱う小売店の会社と海苔の加工卸会社の二社を経営しているわけですが、現在、私が代表取締役として一番力を入れて経営しているのは、この海苔の加工卸会社です。

前社長である父は、約五年間にわたり入退院を繰り返していました。その間、営業部長と業務部長が中心になって会社を運営してくれました。二人は四〇代前半ですが、社内でも在籍年数がもっとも長く、私が幼少のときから今日まで、二〇年近く勤めてくれています。前社長も二人には取締役になってもらおうと考えていましたので、今回、私の社長就任と同時に、役員に就任してもらいました。

この二人を含めて計一二名の社員がいますが、その半分が一〇年近く勤めてくれている社員です。みんなとても明るく、一生懸命仕事に取り組んでくれています。それぞれにプライドや社会人としての経験もあります。しかし、前社長が入院している間に、社長に提出されるべき書類がいつの間にか作成されなくなったり、縦横の連絡が疎かになったりするなど、少しずついろんなことがルーズになっていったようです。

私が二五歳であっても、会社の代表という責任を担う立場になった以上、その年齢がハンディになることはあっても責任逃れはできない、と自分にいい聞かせています。

しかし、実際に仕事を始めると、注意や指摘したいことがあっても遠慮してしまったり、言葉の表現に気を配りすぎてしまったりすることがあります。ときには、自分が意見をすると、「社長はまだ経験がないから」とか「今までそんなことはしたことがない」という言葉が社員から返ってくることもあります。

海苔の業界は、毎年生産状況や相場、質が異なるために長年の経験を必要とします。海苔のことについては、私はまだ新米であり、社員を師としていろいろと教わるようにしています。

また、会社のことについても、社会人経験が短いことは事実なので、ここ数年はあまり注意や指摘などをせず、黙っておいたほうがよいのだろうかと思う反面、有明海の環境問題で危機的状況にある海苔業界のことを考えると、ただ黙っていたのでは売上や利益が落ちる一方になってしまうとも思っています。

まずはできる範囲で、少しでも自分の思いを社員の一人ひとりに伝えていきたいと考え、毎月の給料袋の中に「社長通信」と題して、自分の思いや考え、社員に伝えたいことなどを書いた紙を入れ、全員に渡しています。

これから私が社長として社員たちをどうやって取りまとめていけばいいか、そのポイントをご教授願います。

◉回答

謙虚に学びつつ毅然としてルールを貫き、ビジョンを掲げて率いていくべき

社員を師として仕事を学ぶ

会社で最年少という状況の中で、どう社員を引っ張っていけばよいかということですが、これは経営者としてもかなり難しい問題です。

あなたは、お父さんが大事にしてこられた部長二人を取締役に引き上げられたとおっしゃいました。これは「経営陣に加わってもらい、私の片腕としてサポートしてください」という意思表示だろうと思いますが、たいへん賢明なことだと思います。おそらく、そういう決断をされたことは、その二人だけの問題ではなく、「今度の社長はわれわれを大事に扱ってくれる」ということを表明した形になって、社員の人たちの信頼をつなぎ止めるのには非常によかったのではないかと思います。

しかし、実際に仕事を始めると、自分が年下であるだけに、注意や指摘したいこと

があっても、遠慮してしまったり、言葉の表現に気配りをしすぎたりすることがある。また、部下からも、ときには「社長はまだ経験がないから」とか「今までそんなことをしたことがないから」という言葉が返ってくる。

おっしゃっているように、あなたが一番年が若いのですから、乾物の小売りも海苔加工も含めて、社員を師として徹底して学ぶ。あなたがどのくらい短期間に、社員が持っているノウハウ、経験をマスターされるのか、それがポイントだろうと思います。

しかし、お父さんのころと比べて社内がルーズになっていくことについては、毅然として「これは直してもらわなければ困ります」というべきです。そこまで遠慮したのでは、社内全体のモラルが低下します。たとえ年少であったとしても、誰が見てもおかしいということだけは、「これは困ります」とピシッと社員にいうべきです。

ただ、社会人としての経験が浅いのですから、これはこうではないかと思う程度のことで部下を叱ったり、注意をしたりしたのでは、部下からの反発を招き、かえって社内は混乱します。ここでも、社員を師として教わっていくという姿勢を貫くことが、非常に大事なことだろうと思います。

謙虚に社員から学び、社員よりひと一倍努力をしている様子を見せていけば、社員の人たちは自然に、あなたに一目も二目も置くようになっていくと思います。結局は、人間性という点からも、仕事に対して集中して打ち込んでいく姿勢からも、「今度の社長はすばらしい」と、みんなを感服させられるようなところまでいかなかったら、ほんとうの指導者にはなれないと思います。

ビジョンをつくり、社員のモチベーションを高める

小さな所帯であっても、会社をまとめていくためには、あなたが社員の人たちをモチベートしていくことが必要です。それには、この会社をどういう方向へ持っていきたいのかというビジョンを明確につくらなければなりません。ただし、これはみんなに参画してもらってつくるビジョンではなくて、あなた自身がつくるビジョンです。「私は、この会社を将来このようにしていきたい」というビジョン、目標を鮮明にする。そのビジョンには、「社員の人たちを大事にしていくために」というものを打ち出していくのです。

「この会社は中小零細企業ですが、給料面でも待遇面でも、あらゆる面で社員のみなさんを大事にしていきたい。そのためには、会社を少しでも大きくして、財政的にも強固なものにしなければなりません。そこで、こういう方向でやっていきたいと思う。ぜひみなさんも会社の目標に向けて、一緒に協力をしてください。具体的な計画については、みなさんにも参画してもらって、一緒に練ってつくっていきたい」

そういうふうにまとめていきます。

私が二七歳で会社を始めたときはどのようにしていたのか。私は大きな夢を社員に語っていました。「今は中小零細で、吹けば飛ぶようなセラミックメーカーだけれども、京セラという会社を京都市中京区西ノ京原町で一番の会社にしようではありませんか。原町一番になったら、中京区一番にしましょう。中京区で一番になったら、京都で一番にしましょう。京都で一番になったら、日本で一番にしようじゃありませんか。日本一になったら、私はこの会社を世界一にまでしていきたい」

そういう途方もないビジョンを描いて、いつでもそれを社員に話しかけていたわけですが、そういう大きな目標にみんなの目を向けるという形で、モチベートしていったわけです。

お金も何もなかったときに、とてつもない目標を掲げて、それに社員の関心を向ける。そのことで、目先の小さな不平不満が吹っ飛んでしまうことになったと思います。もちろん、私は策をもってそうしたのではありません。結果としてそうなったのです。当時の私には、そういうモチベーションの与え方しかできなかったのです。

強引に社員を引っ張っていく面も必要

しかし、いくら壮大なビジョンを掲げて引っ張っても、社員はやはりサラリーマンです。「なるべく楽をしたい」と心の中で思っていても、それは仕方ないことかもしれません。

ですから、あなたの会社のように三〇人ぐらいの規模であれば、トップが率先垂範して仕事をする、いわゆる大将のすさまじい後ろ姿を社員に見せて、「俺についてこい！　ついてこられない奴はいらん」と、一方ではそういう強引な、剛毅なもので引っ張っていくことが必要だろうと思います。

みんなそれぞれやる気を起こして、自発的にやってくれるように持っていくことが理想であり、それが一番正しいことなのですが、トップが先頭を切って働き、部下を強引に引っ張っていく。理想論ではなくて、そういう一面がいるのだと思うのです。

あなたは若いですが、聡明でよくわかっておられると思います。ほんとうの経営者であれば、そのジレンマ、その矛盾を感じておられるはずです。また、感じないようでは、真の経営者ではありません。

率先垂範して仕事をしていく中で人間性を高め、リーダーシップを発揮できるよう、がんばっていってください。

終章

リーダーの役割一〇カ条

「社員がいきいきと働くには、どのような組織づくりをすればよいか」「部下のやる気を引き出す指導のあり方は」「後進の育成はどのようにすればよいか」

経営者にかぎらず、あらゆる集団のリーダーにとって、組織運営や人材育成に関する悩みは尽きることがありません。中国の古典に「一国は一人を以って興り、一人を以って亡ぶ」という言葉があるように、国家であれ、企業であれ、あらゆる集団の盛衰は、そのリーダーによって決まります。組織にバイタリティを与え、すばらしい集団へと発展させていくには、リーダーが人心をまとめ、目標に向かってみなを率いていかなければならないのです。

本書ではそれらに関する問答を取り上げて論じてきましたが、最後に、私がこれまで会社を経営する中で実践してきた「リーダーの役割一〇カ条」を述べて、締めくくりたいと思います。

一、事業の目的・意義を明確にし、部下に指し示すこと

リーダーはまず、経営トップとして、何のためにこの事業をするのかという、事業

の目的、意義を明確にする必要があります。また、これらの目的、意義を部下にも示し、賛同を得、みなの力が結集するように努めなければなりません。

リーダーの中には、事業の目的、意義は、「儲けるため」という方がおられるかもしれません。確かに、企業が発展していくためには利益が必要ですが、社会的な意義が伴う目的のほうが、人は力を発揮するものです。ですから、事業の目的や意義は、リーダー自身にとっても、部下にとっても、「その崇高な目的のために働く」という大義名分の感じられる、次元の高いものであるべきだと私は思います。

京セラの経営理念は、「全従業員の物心両面の幸福を追求すると同時に、人類、社会の進歩発展に貢献すること」です。私はこのような次元の高い、誰もが納得できる目的を掲げ、「この理念をともに実現していこう」と、全従業員と一体となって努力してきました。この目的に従業員のみなが賛同し、一生懸命働いてくれたからこそ、今日の京セラがあるのです。

リーダーとして集団を率いていくには、事業の目的、意義を明確にし、それに賛同してもらうことが重要なのです。

二、具体的な目標を掲げ、部下を巻き込みながら計画を立てる

事業の目的や意義を明確に示し、それを部下と共有することができれば、次に具体的な目標、計画を立てることが求められます。目標や計画を立てるにあたって、リーダーはその中心とならなければなりません。その際、リーダーは幅広く部下の意見を聞き、衆知を集めることが必要です。これは、目標や計画の策定段階から部下を巻き込み、「自分たちが立てた計画である」という意識を持ってもらう、つまり経営に参画しているという意識を持ってもらうことが重要だからです。

しかし、新しい事業を立ち上げるときや、大きな商機をとらえられそうな局面などでは、トップダウンで思い切った目標を立てる必要がある場合もあります。この場合、リーダーは目標を立てるだけでなく、その目標を達成するための具体的な方法を考えていなくてはなりません。そして、なぜそのような目標を掲げたのか、その目標に対する自らの思いを語ると同時に、達成するための方法を示さなくてはならないのです。リーダーは、部下がその目標に心から納得し、その達成に向けて一緒に燃え上がって

くれるようになるまで、徹底的に話し込んでいくことが必要となるのです。

私はそのために朝礼や会議、コンパとよばれる飲み会など、あらゆる機会をとらえては、「なぜその目標を目指すのか」「どうすれば目標を達成できるのか」など話をするように努めてきました。特にコンパでは、部下と酒を酌み交わし、お互いに胸襟を開いて、徹底的に話し込むことを大切にしてきました。リーダーと同じレベルにまで部下の士気を高めることができて初めて、全員の力を結集させることができ、目標を達成することができるのです。

三、強烈な願望を心に抱き続ける

私の経営の根底には、「人間の思いは必ず実現する」という信念があります。このことに気づいたのは、次のようなきっかけがあったからです。

創業間もない頃、私は京都で開催された松下幸之助さんの講演会を聴く機会があり、そこで「会社経営が順調なときこそ、ダムに水を貯えるように内部留保を蓄え、不況に備えるという余裕ある経営をすべきだ」という、有名なダム式経営の話を聞きました。その講演の終わりに、「ダム式経営はすばらしいが、余裕がない人はどうすればよいのか」という質問が出ました。幸之助さんは、少し困って、「そう思わんといけまへんな」と答えられました。会場からは「それでは答えになっていない」とばかりに失笑がもれましたが、私にはそのとき、衝撃が走りました。「余裕がありたいとまず思う。強く思うこと、そこからすべてが始まるのだ」。幸之助さんの答えで私は「思い」の大切さに気がついたのです。

かつて私は、「潜在意識にまで透徹するほどの強く持続した願望、熱意によって、自分の立てた目標を達成しよう」という経営スローガンを掲げたことがあります。ここでいう「願望」とは、四六時中、寝ても覚めても心に抱いているような強烈な願いのことです。

リーダーはこのように強烈な願望を心に抱き続けなければなりません。そして、その強い願望を全従業員と共有することで、目標は達成できるのです。

四、誰にも負けない努力をする

リーダーは部門の代表であり、会社の代表です。リーダーが一生懸命努力する、その後ろ姿を見て、部下が一緒になってがんばってくれるほどにならなければいけません。率先垂範し、懸命に働く姿を見せながら部下を引っ張っていく、これが集団を率いるリーダーには必要なことです。

盛和塾など、経営者の集まりで、私が「努力していますか」と聞くと、みなさん「一生懸命努力しています」と答えられます。しかし、私がいっているのは、誰にも負けない努力なのです。自分は必死に努力しているつもりでも、競合他社がそれ以上の努力をしていたら、競争に負け、自分のそれまでの努力は水泡に帰してしまうかもしれません。ですから、これ以上は誰もできないというほどの努力、つまり、誰にも負けない努力が必要なのです。それはたいへん辛いことかもしれませんが、それしか成功する方法はないのです。

ジェームズ・アレンというイギリスの哲学者は次のような言葉を残しています。

「人間は、もし成功を願うならば、それ相当の自己犠牲を払わなくてはなりません。大きな成功を願うならば、大きな自己犠牲を、このうえなく大きな成功を願うならば、このうえなく大きな自己犠牲を払わなくてはならないのです」

成功を願うなら、遊んだり、趣味を楽しみたいといった、自分の欲望を犠牲にしなければならないのです。そのような自己犠牲は、ものごとを成功させていくための正当な代価として払わなければならないものなのです。

集団の幸せのために、誰にも負けない努力を続けるリーダーであれば、集団はその後に必ずついていくものなのです。

五、強い意志を持つ

リーダーは強い意志を持たなければなりません。強固な意志を持ったリーダーでなければ、その集団は不幸になっていきます。

ビジネスの世界は、激しい景気変動や予期せぬ事態に巻き込まれていくことがあります。その中で、強い意志を持たないリーダーでは、一度立てた目標もすぐに撤回や下方修正をしてしまいます。それでは目標が有名無実となるばかりか、リーダーの信頼と尊敬も失ってしまうことになりかねません。一度立てた目標は何としても達成するという強い意志、これはリーダーにとって大切な資質の一つなのです。

六、立派な人格を持つ

リーダーは、立派な人格を持っている必要がある、あるいは、立派な人格を持たねばならないと自覚し、努力を重ねている人でなければなりません。

今はすばらしい人格は持っていなくても、そういう人格を持とうと、努力を重ねることが大切です。

「立派な人格」というのは、すばらしい哲学を備えているという意味だけではありません。「人をだまさない」「ウソをつかない」「正直でなければならない」「貪欲であってはならない」というベーシックな倫理観を堅持しなければなりません。そういうことを常に自分にいい聞かせながら、それを実行しようとしている人が、次第に人格を高めていくことができるのです。

七、どんな困難に遭遇しようとも、決してあきらめない

リーダーはどんな困難に遭遇しようとも、決してあきらめない人、ネバー・ギブアップを信条とする人でなければならないと、私は考えています。

ビジネスでは予想もしない困難やトラブルが起こります。そこで、すぐにあきらめてしまうリーダーでは、どんな事業も成功させることができません。私は常々「燃える闘魂」という表現をしていますが、さまざまな困難に打ち克ち、会社を発展させていくには、リーダーは格闘家にも似た闘争心を持ち、燃えるような闘魂で集団を引っ張っていかなければなりません。そういう意味では、リーダーはどんな困難に遭遇しようとも、決してあきらめない、不屈の闘志を持った人でなければなりません。

八、部下に愛情を持って接する

リーダーは、部下の人たちの幸せを常に心に留めていなければなりません。部下の成長を願い、愛情を持って指導していくのです。「愛情を持って」と表現しましたが、

これは単に子供を溺愛するような愛情をさしているのではありません。やさしさと厳しさ、この両面が必要になります。

部下が立派に育つことを願って、リーダーはこれまでの経験から培ってきた自分の知識や技術を惜しげもなく教えるのです。だからこそ、部下がいい加減であったり、間違っていれば、それを指摘し、厳しく叱ることができるはずです。部下を育てよう、立派な人間にしたいという愛情が根底にあれば、いくら厳しく叱ろうとも、部下はそれを素直に受け入れてくれるはずです。

部下に迎合してやさしさをふりまくだけでは、部下は決して成長しません。厳しく叱る勇気がなく、部下の機嫌ばかりをとっていては、その部下の成長にならないばかりか、会社全体を不幸にしてしまいます。叱るべきときは、心を鬼にして叱る、それがリーダーに求められる愛情です。

一方、部下が本当に困っているとき、苦しんでいるときには、思いやりの心を持って、一生懸命に助けてあげることも必要です。愛情があるからといっても、ただ厳しく叱るだけのリーダーでは、人はついてこないものです。

そうして愛情と思いやりをもって育てれば、必ず部下は育ちます。また、部下が育つだけでなく、そのリーダー自身、人間としてひとまわりも、ふたまわりも大きく成長するのです。

九、部下をモチベートし続ける

リーダーは部下の人たちを常にモチベートし、やる気を起こすように努めなければなりません。目標に向かって燃える集団をつくるには、部下が常にやる気をもって仕事ができるようにすることが不可欠です。

職場の環境に気を配り、働きやすいようにする。部下が困っているようであれば、親身になってその相談に乗り、アドバイスを与える。予定を達成したときや立派な仕事をしたときには、ねぎらいの言葉を忘れない。長所を見つけて褒めるなど、部下がやる気をもって仕事に取り組めるような雰囲気をつくることが必要なのです。

集団をまとめていくためには、人間の心理がわからなくてはなりません。部下の心に響くような細やかな配慮が常にできるようにならなければ、すばらしいリーダーにはなれないのです。

一〇、常に創造的でなければならない

厳しい競争社会の中で、企業が生き残り、発展し続けようと思えば、常に新製品、新技術、新市場にチャレンジしていかなければなりません。

リーダーは、常に何か新しいものを求め、常にクリエイティブなものを集団に導入していかなければ、その集団の進歩発展をさせることはできません。現状維持に満足するようなリーダーでは、その集団はやがて衰退の道をたどることになります。

その創造というものは、単なる思いつきで生まれるものではなく、深く考え抜いた苦しみの中から生まれ出るものです。ですから、リーダーは決して現状に満足することなく、「これでいいのか」「ほかにもっといい方法はないのか」と、常に考え続け、日々少しずつでも進歩できるように努力できる人でなければなりません。そのような熱意と努力が、結果として創造的なものを生み出すのです。

この一〇カ条すべてを実践することは、たいへん難しいことですが、心に留めていただき、そうあろうと努力されることが大切です。このように、すばらしいリーダーであろうと努力するその姿が、部下に対する教育にもなるのです。

あらゆる集団のリーダーが、ここに述べた一〇カ条の真の意味を理解され、自らを高める努力をされることを、また、すばらしいリーダーに成長されることを願ってやみません。

本書は二〇〇八年七月に日本経済新聞出版社から刊行された『実学・経営問答　人を生かす』を改題し、文庫化したものです。

日経ビジネス人文庫

人《ひと》を生《い》かす
稲盛和夫《いなもりかずお》の経営塾《けいえいじゅく》

2012年2月1日 第1刷発行
2025年4月10日 第13刷

著者
稲盛和夫
いなもり・かずお

発行者
中川ヒロミ
発 行
株式会社日経ＢＰ
日本経済新聞出版
発 売
株式会社日経ＢＰマーケティング
〒105-8308 東京都港区虎ノ門4-3-12

ブックデザイン
菊地信義

印刷・製本
TOPPAN クロレ株式会社

Printed in Japan ISBN978-4-532-19624-0

本書籍に関するお問い合わせ、ご連絡は下記にて承ります。
https://nkbp.jp/booksQA

nbb 好評既刊

社長になる人のための経営問題集

相葉宏二

「部下が全員やめてしまったのはなぜか？」「資金不足に陥った理由は？」——。社長を目指す管理職や中堅社員のビジネス力をチェック。

仕事がもっとうまくいく！気持ちが伝わる「手書き」ワザ

青山浩之

パソコンで作った書類やメール全盛だからこそ、手書きが威力を発揮する。あなたの字のクセを直し、相手に伝わる字に変わる！

生きっぱなしの記

阿久 悠

「北の宿から」「勝手にしやがれ」「UFO」——。歌謡曲の黄金時代を築いた阿久悠。常に時代に向き合い言葉を探し続けた男の自伝。

吉野家の経済学

安部修仁・伊藤元重

牛丼1杯から日本経済の真理が見える！　話題の外食産業経営者と一級の経済学者が、楽しく、真面目に語り尽くす異色の一冊。

俺たちのR25時代

R25編集部＝編

頂点を知る男たちは、何につまずき、何を考えていたのか。芸能人、スポーツ選手、作家など26人の「つきぬけた瞬間」をインタビューする。

日経 好評既刊

デジタル人本主義への道

伊丹敬之

新たな経済危機に直面した日本。バブル崩壊後の失われた10年に、日本企業の選択すべき道を明示した経営改革論を、今再び世に問う。

アンドロイド携帯ビジネス徹底活用術

一条真人

ビジネスでの活用から、災害時に役立つ使い方まで、「アンドロイド」スマートフォンの便利ワザを厳選して紹介します。

稲盛和夫の実学
経営と会計

稲盛和夫

バブル経済に踊らされ、不良資産の山を築いた経営者は何をしていたのか。ゼロから経営の原理を学んだ著者の話題のベストセラー。

稲盛和夫の経営塾
Q&A 高収益企業のつくり方

稲盛和夫

なぜ日本企業の収益率は低いのか？ 生産性を10倍にし、利益率20%を達成する経営手法とは？ 日本の強みを活かす実践経営学。

アメーバ経営

稲盛和夫

組織を小集団に分け、独立採算にすることで、全員参加経営を実現する。常識を覆す独創的経営管理の発想と仕組みを初めて明かす。

日経ビジネス人文庫 好評既刊

井深大 自由闊達にして愉快なる

井深 大

世界企業ソニーをつくりあげた井深大。彼の理想とした「自由にして闊達なる」経営こそ、今の日本に必要なものだ。「私の履歴書」待望の文庫化。

社長になる人のための税金の本

岩田康成・佐々木秀一

税金はコストです！ 課税のしくみから効果的節税、企業再編成時代に欠かせない税務戦略まで、幹部候補向け研修会をライブ中継。

実況 岩田塾 図バっと！わかる決算書

岩田康成

若手ＯＬとの対話を通じ「決算書は三面鏡」「イケメンの損益計算書」など、身近な事例で会計の基礎の基礎を伝授します。

社長になる人のための経理の本［第2版］

岩田康成

次代を担う幹部向け研修会を実況中継。財務諸表の作られ方・見方から、経営管理、最新の会計制度まで、超実践的に講義。

なぜ閉店前の値引きが儲かるのか？

岩田康成

身近な事例をもとに「どうすれば儲かるか？」を対話形式でわかりやすく解説。これ一冊で「戦略管理（経営）会計」の基本が身につく！

nbb 好評既刊

江連忠のゴルフ開眼！

江連 忠

「右脳と左脳を会話させるな」――。歴代賞金王からアマチュアまで、悩めるゴルファーを開眼させたカリスマコーチの名語録。

チャールズ・エリスが選ぶ「投資の名言」

チャールズ・エリス
鹿毛雄二＝訳

ケインズからバフェットまで、投資判断に迷った時や「ここぞ」という時に勇気と知恵を与えてくれる、天才投資家たちの名言集。

仕事で本当に大切にしたいこと

大竹美喜

弱みを知れば、それが強みになる。強く信じることが戦略になる。自分探しと夢の実現に成功するノウハウを説く。

投資をするならこれを読め

改訂増補版

太田 忠

賢い投資家になるために必読の投資本78冊を紹介。専門書から、知る人ぞ知る名著、思わぬ面白さの小説までカンドコロを解説。

とっておき中小型株投資のすすめ

太田 忠

会社の成長とともに資産が増えていく、中小型株投資は株式投資の王道だ。成長企業を選び出すコツ、危ない会社の見分け方教えます。

nbb 好評既刊

「やる気」アップの法則

太田　肇

一見やる気のない社員も、きっかけさえ与えれば、俄然実力を発揮する！　タイプ別に最も効果的な動機づけ法を伝授する虎の巻。

ビジネススクールで身につけるファイナンスと事業数値化力

大津広一

ファイナンス理論と事業数値化力はビジネスの基礎力。ポイントを押さえた解説と、インタラクティブな会話形式でやさしく学べる。

ビジネススクールで身につける会計力と戦略思考力

大津広一

会計数字を読み取る会計力と、経営戦略を理解する戦略思考力。事例をもとに「会計を経営の有益なツールにする方法」を解説。

イラスト版　管理職心得

大野　潔

部下の長所の引き出し方、組織の活性化法、仕事の段取り力、経営の基礎知識など、初めて管理職になる人もこれだけ知れば大丈夫。

春の草

岡　潔

世界的数学者であり、名随筆家として知られる著者が、自らの半生を振り返る。日本人は何を学ぶべきかを記した名著、待望の復刊！

nbb 好評既刊

勝利のチームメイク

岡田武史
平尾誠二
古田敦也

「選手の長所だけを見つめていく」「勝つ感動を全員で共有する」——。三人の名将がここ一番に強い集団を作るための本質を語る。

鈴木敏文 考える原則

緒方知行＝編著

「過去のデータは百害あって一利なし」「組織が大きいほど一人の責任は重い」——。稀代の名経営者が語る仕事の考え方、進め方。

鈴木敏文 経営の不易

緒方知行＝編著

「業績は企業体質の結果である」「当たり前に徹すれば当たり前でなくなる」——。社員に語り続ける、鈴木流「不変の商売原則」。

考える力をつける数学の本

岡部恒治

「トイレットペーパーの長さを測るには？」「星形多角形の内角の和は？」。見方を変えれば意外と簡単。思考力養成のための数学。

岡本綾子のゴルフ上達指南

岡本綾子

「良いショットは良い歩き方から」「スイングはリズムとテンポ」——世界の岡本綾子が大切にしてきた「ゴルフの絶対的基本」を指南します。

nbb 好評既刊

28歳の仕事術

小川孔輔＝監修
栗野俊太郎・栗原啓悟・並木将央

仕事のやり方に悩む人に向けた等身大ビジネス・ストーリー。物語を楽しみながら、ビジネススキル、フレームワークなどがわかる！

これは便利！正しい文書がすぐ書ける本

小川 悟

豊富な実務経験と研修実績を持つビジネス文書のプロが、簡単にすぐ書ける文書術の秘訣を公開。用例を中心に勘所を伝授します。

ヒットの法則

奥井真紀子・木全 晃

体から甘い香りを発散する「ふわりんか」、乾電池1000本を1本で代替する「エネループ」――。ヒット商品の開発秘話満載！

ヒットの法則2

奥井真紀子・木全 晃

モノが売れない時代でも〝ヒット商品〟は誕生する。一体、なぜ売れるのか。深掘りした取材を元に、その開発の舞台裏に迫る。

ビジネスプロフェッショナル講座 MBAの経営

バージニア・オブライエン
奥村昭博＝監訳

リーダーシップ、人材マネジメント、会計・財務など、ビジネスに必要な知識をケーススタディで解説。忙しい人のための実践的テキスト。

資本主義は海洋アジアから　川勝平太

なぜイギリスと日本という二つの島国が経済大国になれたのか？　海洋史観に基づいて近代資本主義誕生の真実に迫る歴史読み物。

伊勢丹な人々　川島蓉子

ファッションビジネスの最前線を取材する著者が人気百貨店・伊勢丹の舞台裏を緻密に描く。伊勢丹・三越の経営統合後の行方も加筆。

ビームス戦略　川島蓉子

セレクトショップの老舗ビームス。創業30年を越えてなお顧客を引きつける秘密は？　ファン必読！　ファッションビジネスが見える！

働く意味　生きる意味　川村真二

心に雨が降る日には、本書を開いてほしい。誰もが知っている日本人の力強い言葉を通して、働くこと、生きることの意味を考える。

心に響く勇気の言葉１００　川村真二

信念を貫いた人たちが遺した名言から生きるヒントを読み解く！〝よい言葉〟から意識が生まれ、行動が変わる。明日が変わる。

nbb 好評既刊

BCG流 経営者はこう育てる

菅野 寛

「いかに優秀な経営者になり、後進を育てるか」。稲盛和夫や柳井正などとの議論をもとに、「経営者としてのスキルセット」を提唱する。

その日本語は間違いです

神辺四郎

「汚名を挽回する」——実はこれは誤用です。決まり文句から諺・格言・漢字の書き間違いまで、これだけ覚えればビジネスマン合格。

組織は合理的に失敗する

菊澤研宗

個人は優秀なのに、なぜ〝組織〟は不条理な行動に突き進むのか？ 旧日本陸軍を題材に、最新の経済学理論でそのメカニズムを解く！

ていねいなのに伝わらない「話せばわかる」症候群

北川達夫
平田オリザ

話し方や書き方を鍛えれば、伝える力は上がるのか？ 人気劇作家とフィンランド教育の専門家による「対話する力」「考える力」をめぐる対談。

セーラが町にやってきた

清野由美

創業250年の造り酒屋を再構築、長野県小布施町を町おこしの成功例として一躍全国区にした、米国人女性セーラ・カミングスの物語。